Hannelore Blohm

Köstliche Saucen selbst gemacht

Rat und Rezepte aus der feinen Küche

GU
Gräfe und Unzer

Umschlag-Vorderseite: Mit den beiden würzigen Fonduesaucen, der Fondue-Bananen-Currysauce (Mitte) und der Fondue-Dillsauce (hinten), Rezepte Seite 45, wie auch mit der delikaten Cocktailsauce (unten), Rezept Seite 44, können Sie Ihre Gäste verwöhnen.
2. Umschlagseite: Die Eier-Vinaigrette, eine köstliche französische Alltagssauce, schmeckt besonders gut zu gekochten Artischocken, Rezept Seite 42.
3. Umschlagseite: Diese pikanten und erfrischenden Saucen regen den Appetit an: Bunte Sauce für Fondue (unten) Rezept Seite 45, Fondue-Bananen-Currysauce (hinten links) Rezept Seite 45, Tomaten-Würzsauce (hinten rechts) Rezept Seite 46.

CIP-Kurztitelaufnahme der Deutschen Bibliothek

Blohm, Hannelore:

Köstliche Saucen selbst gemacht: Rat und Rezepte aus d. feinen Küchen / Hannelore Blohm. [Zeichn.: Ingrid Schütz]. - 8. Aufl. - München: Gräfe und Unzer, 1989

ISBN 3-7742-1222-8

8. Auflage 1989

Redaktion: Elisabeth Döpp
Herstellung: Robert Gigler
Farbfotos: Susi und Pete A. Eising: Umschlagseite 2 und 3, Seite 17, 27, 37, 47, 48;
C. P. Fischer: Umschlag-Vorderseite;
Fotostudio Teubner: Seite 18, 28, 38
Zeichnungen: Ingrid Schütz
Umschlaggestaltung: Heinz Kraxenberger
Reproduktionen: Brend'amour, Simhart & Co.
Satz und Druck: Appl, Wemding
Bindung: Conzella, Pfarrkirchen

ISBN 3-7742-1222-8

Hannelore Blohm

ist seit ihrer Kindheit Köchin aus Begeisterung. Ihre Karriere begann, als sie fünf Jahre alt war, mit Kuchen backen. Wenn's zunächst auch nur um's Teigrühren ging. Später wurde durch eine gründliche Kochausbildung während der Gymnasialzeit zum einen die Grundlage geschaffen für ihre publizistische Tätigkeit bei Tages- und Zeitschriftenpresse, zum anderen aber der Grundstein gelegt für ihre spätere Arbeit als kulinarische Fachjournalistin.
Als Ressortleiterin des Gebietes Kochen und Haushalt und späterer Chefredakteurin großer Zeitschriften stand das Schwerpunktthema Essen und Trinken schließlich im Mittelpunkt ihrer Arbeit. Sie war im übrigen auch Chefredakteurin des großen Rezept-Sammelwerkes MENÜ, dessen erfolgreiche Konzeption sie miterarbeitet hat und das sie von A bis Z fachmännisch beeinflußte, redigierte und zu dem sie ungezählte Rezepte lieferte. Inzwischen ist sie Autorin mehrerer Kochbücher, Mitarbeiterin großer Zeitschriften und Spezialistin für die Kulturgeschichte der Back-, Koch- und Eßkunst. Und immer noch Köchin aus Begeisterung. Im selben Verlag ist von ihr der Küchen-Ratgeber »Backen nach Großmutters Art« erschienen.

Sie finden in diesem Buch

Ein Wort zuvor 4

Die Kunst des Saucenkochens 5

Wozu passen welche Saucen 6

Tips und Pannenhilfen 9

Die Grundsaucen auf einen Blick 10
Weiße Grundsauce 10 · Dunkle Grundsauce 10 · Mayonnaise 10 · Buttersauce 11 · Blattsalat-Marinade 11 · Marinade für Gemüsesalat 11

Feine aufgeschlagene Saucen 12
Sauce Bastard 12 · Kräutersauce 12 · Senfsauce 13 · Sauce Hollandaise 13 · Sauce Chantilly 13 · Sauce bavaroise 14 · Sauce Béarnaise 14 · Sauce Choron 14

Klassische Saucen 15
Sauce Béchamel 15 · Schinken-Béchamelsauce 15 · Sauce Mornay 15 · Sauce au vin blanc 15 · Sauce Zingara 16 · Sauce bourguignonne 19 · Burgunder Bratensauce 19 · Sauce provençale 20 · Sauce Esterházy 20 · Paprika-Esterházy-Sauce 21 · Sauce hongroise Nr. 1 21 · Sauce hongroise Nr. 2 21 · Cumberland-Sauce 22 · Sauce aux tomates 22 · Sauce Robert 23

Mayonnaise-Saucen mit Tradition 24
Echte Mayonnaise 24 · Sauce andalouse 24 · Sauce Chantilly 25 · Sauce Tatare 25 · Sauce rémoulade 25

Schlemmersaucen 26
Currysauce 26 · Krabbensauce Nordsee 26 · Sahne-Käsesauce 29 · Altdeutsche Madeirasauce 29 · Pilzsauce extra 30 · Würzige Wildsauce 30 · Feine Sauce für feinen Fisch 31 · Omas grüne Sauce 31 · Früchte-Senfsauce 32 · Pikante Hackfleischsauce 32

Würzige Saucen unserer Nachbarn 33
Italienische Champignonsauce 33 · Bagna Cauda 33 · Italienischer Sugo 34 · Italienische Paprikasauce 34 · Spanische Sauce 34 · Katalanische Sauce 35 · Istanbul-Sauce 35 · Wiener Apfelkren 36 · Sauce aus der Gascogne 36 · Englische Orangensauce 36 · Englische Apfelsauce 39 · Dänische Kaviar-Sauce 39

Reizvolle Grillsaucen 40
Aprikosen-Honig-Sauce 40 · Ananas-Grillsauce 40 · China-Sauce 40 · Exotische Früchte-Senfsauce 41 · Pfirsichsauce 41

Prima für Salate und Cocktails 42
Sauce Vinaigrette 42 · Eier-Vinaigrette 42 · Spanische Cocktailsauce 42 · Essig-Öl-Marinade 43 · Joghurt-Marinade 43 · Thousand Island Dressing 43 · Kräuter-Marinade 44 · Delikate Cocktailsauce 44 · Sahne-Marinade 44

Raffinierte Dips 45
Fondue-Bananen-Currysauce 45 · Bunte Sauce für Fondues 45 · Fondue-Tomatensauce 45 · Fondue-Dillsauce 45 · Preiselbeercreme 46 · Zwiebelcreme 46 · Kalte Tomaten-Würzsauce 46 · Scharfe Sauce 49 · Crème aux herbes 49 · Reicher Kräuter-Dip 49 · Würzige rote Sauce 50

Geliebte süße Saucen 51
Vanillesauce 51 · Schokoladensauce 51 · Schnelle Schokoladensauce 51 · Karamelsauce 52 · Himbeersauce 52 · Aprikosensauce 52 · Kirschsauce 53 · Rotweinsauce 53 · Chaudeau 53

Rezept- und Sachregister 54

Alle Zutaten sind, wenn nicht anders angegeben, für 4 Personen berechnet.

Ein Wort zuvor

Mit Saucen kann man zaubern. Sie sind die Krönung eines Bratens, einer Gemüsespeise, eines überbackenen Gerichtes, eines eleganten Desserts. Sie können sogar anstelle von Fleisch zu Kartoffeln, Nudeln oder Reis gereicht werden. In jedem Fall machen Saucen die Speisen köstlicher und amüsanter.
Anthelme Brillat-Savarin (1755–1826), Feinschmecker von hohen Graden und Erfinder der Lehre von den Tafelfreuden, hat die Funktion der Saucen präzisiert: Die Sauce ist eine gewürzte Flüssigkeit, die den Geschmack des Gerichtes angenehm ergänzen soll, ohne ihn zu übertönen oder gar zu verfälschen.
Daß es Saucen in verschiedener Konsistenz gibt, also mehr oder weniger sämige, aber auch dicke zum Überbacken, wissen Sie ja. Und Sie wissen sicher auch, daß Saucen weder zu mehlig noch zu würzig sein dürfen. Eine ganz feine Sauce ist der reine Bratensaft, den man durch ein Sieb passiert, abschmeckt und ungebunden serviert. Wichtig beim Saucenkochen ist vor allem die Qualität der verwendeten Lebensmittel. Sie müssen einwandfrei sein. Denn aus verschrumpelten Möhren, verwelktem Lauch, Uraltknochen oder müden Kräutern können Sie keine feine Sauce mehr zubereiten. Das ist hier nicht anders als in der übrigen Küchenpraxis. Die besten Saucen entstehen nur aus den besten Grundzutaten.
Sie wissen sicherlich, daß es in der Gastronomie einen speziellen Saucenkoch, den Saucier, gibt. Er hat eine wichtige Funktion innerhalb der Küchenbrigade, vielleicht die wichtigste überhaupt. Durch ihn erhalten die Speisen den letzten Schliff, weil er die Kunst des Saucenkochens beherrscht. Die will gelernt sein. Und sie ist erlernbar. Auch für Sie in der Küche daheim. Hauptsache, Sie kennen die Grundbegriffe. Ich verrate sie Ihnen, damit Sie in Zukunft immer wieder neue Saucen-Kreationen auf den Tisch bringen können.
In unserer Zeit des bewußten Essens sind Saucen wieder »in«. Gute Saucen! Nicht die deutsche Einheitssauce, die langweilig und einfallslos unsere bürgerliche Küche jahrzehntelang als abschreckend für Feinschmecker gelten ließ. Sie bestand hauptsächlich aus Mehl und Fett und war so mächtig, daß sie manchem Bundesbürger zu seinem Übergewicht verholfen hat. Aber um solche Saucen geht es hier nicht. Ich möchte Ihnen die feinen aus meiner kalorienbewußten Küche präsentieren. Und aus der internationalen Küche. Köstliche, samtig-zarte Saucen, wenig gebunden, aber einfallsreich gewürzt und mit feinen Zutaten angereichert. Exakte Kalorienangaben werden Sie allerdings vergeblich suchen. Dies hat bei Saucen, von denen sich jeder bei Tisch nach Belieben bedient, wenig Sinn.
Sie finden in meinem Buch zahlreiche Rezepte, appetitanregende Farbfotos, Schritt-für-Schritt-Abbildungen und Zeichnungen. Ich sage Ihnen auch, welche Saucen zu welchem Gericht passen und gebe Ihnen zu jedem Rezept nützliche Tips. Wenn Sie es schaffen, mit meinen Saucen einen schlichten Hering in eine festliche Delikatesse zu verwandeln oder ein Champignongericht mit einer Sauce so zu verfeinern, daß man glaubt, die Pilze seien kostbar wie Trüffel, dann habe ich mit meinen Rezepten mehr erreicht, als ich je zu hoffen wagte. Auf gutes Gelingen!

Ihre Hannelore Blohm

Die Kunst des Saucenkochens

Machen Sie nun dem Saucier in der Küchenbrigade des Grandhotels Konkurrenz. Und besinnen Sie sich dazu auf die Möglichkeiten Ihrer häuslichen Küche. Sie brauchen nämlich keineswegs jenen gewaltigen Vorrat an Fonds, Bouillons und Geflügel-, Wild-, Fisch- und Gemüsebrühen, die sich der Saucier von Berufs wegen zulegen muß. In der großen Hotelküche braucht er all diese Grundsubstanzen, gekocht aus Knochen, Fleisch, Fisch oder Gemüse mit Gewürzen und Fett, zum Aufgießen für die verschiedensten Saucen. Neben diesen Fonds – mild gesalzen, selbstverständlich, damit die Saucen nicht versalzen werden – hat er noch Glace oder Jus zur Verfügung, eine dick eingekochte, passierte Brühe von starker Würzkraft.
Kein Mensch aber wird von der Köchin am heimischen Herd erwarten, daß sie in vielen Töpfen und Töpfchen würzige Fonds oder Glaces kocht und aufbewahrt. Es fehlt uns nicht nur an Zeit, es fehlt uns auch an Platz. Aber sollten Sie einmal eine besonders würzige Brühe haben (Fisch-, Fleisch- oder auch Geflügelbouillon) und es bleibt davon etwas übrig, dann packen Sie diese – portioniert – ins Gefriergerät. Eine bessere Grundlage für spätere Saucen können Sie überhaupt nicht haben. Es schadet daher auch nicht, gelegentlich etwas mehr Fisch-, Fleisch- oder Gemüsefond zu produzieren, extra des Einfrierens wegen. Unsere Saucen sollen Qualitätserzeugnisse aus der eigenen Küche sein. Das geschieht nicht durch Quantität. Man serviert längst nicht mehr – wie noch zu Großmutters Zeiten – ½ Liter Sauce für 4 Personen. ¼ Liter gute Sauce genügt, ⅜ Liter sind etwas für Saucenfans. Was darüber ist, ist von Übel, denn zuviel Sauce macht dick.

Die delikaten Würzsaucen

Klar, daß Sie ein Tomatenketchup oder ein Mango-Chutney selbst kochen können. Aber die vielen anderen feinen Würzsaucen, die es im Handel fertig in Flaschen zu kaufen gibt und die kalt serviert werden, die sind nun doch schwierig nachzukochen. Mein Vorschlag: Kaufen Sie sie. Und würzen Sie damit Ihre Mayonnaise zu Dips und Cocktailsaucen, und bereiten Sie auch einmal – mit Phantasie und Mut – damit eine Salatmarinade zu.

Die pikanten Gewürze: Cayennepfeffer, Currypulver, Ingwerpulver, Knoblauchsalz, -granulat, Koriander, Kümmel, Lorbeerblatt, Muskatnuß, Nelkenpfeffer, Oregano, Piment, Senfkörner, Wacholderbeeren. Dazu alle Kräuter wie Schnittlauch, Petersilie, Basilikum, Beifuß, Bohnenkraut, Borretsch, Kresse, Dill, Estragon, Kerbel, Liebstöckel, Majoran, Minze, Pimpinelle, Rosmarin, Salbei, Thymian und Zitronenmelisse.

Die Gewürze für süße Saucen: Anis, Ingwerpulver, Kardamom, Macisblüte, Muskatnuß, Nelkenköpfe oder Nelkenpfeffer, Safran, Vanille, Zimt und im weitesten Sinn auch Zitronenschale.

Und wie wird gewürzt?

Am besten immer hübsch vorsichtig würzen, denn überwürzte Saucen schmecken nicht. Und bitte erst nur eine Prise in die Sauce geben, nicht etwa gleich einen Teelöffel voll. Lieber dann nochmal nachwürzen. Denn Würzen ist Fingerspitzensache. Und mit den Fingerspitzen sollten Sie auch arbeiten, damit nichts schiefgeht. Wenn Ihnen aber ein Gericht mal so gar nicht gelungen ist – was ja passieren kann –, dann sollten Sie bei pikanten Saucen doch etwas kräftiger zum Gewürz greifen, damit der Eigengeschmack der Speise ein bißchen übertönt wird. Sonst aber darf er durch das Gewürz nur unterstrichen werden.

Wozu passen welche Saucen

	Fleisch Wild Geflügel	Fisch	Eier Auflauf Frikassee	Gemüse Kartoffeln	Reis Nudeln	Fondue	Salate Cocktails	Desserts
Altdeutsche Madeirasauce (S. 29)	×							
Ananas-Grillsauce (S. 40)	×							
Aprikosen-Honig-Sauce (S. 40)	×							
Aprikosensauce (S. 53)								×
Bagna Cauda (S. 33)				×	×			
Blattsalat-Marinade (S. 11)							×	
Bunte Sauce für Fondues (S. 45)	×					×		
Burgunder Bratensauce (S. 19)	×							
Chaudeau (S. 53)								×
China-Sauce (S. 40)	×							
Crème aux herbes (S. 49)						×	×	
Cumberland-Sauce (S. 22)	×					×		
Currysauce (S. 26)		×	×					
Dänische Kaviar-Sauce (S. 39)	×	×		×				
Delikate Cocktailsauce (S. 44)		×					×	
Echte Mayonnaise (S. 24)	×	×				×	×	
Eier-Vinaigrette (S. 42)				×		×	×	
Englische Apfelsauce (S. 39)	×							
Englische Orangensauce (S. 36)	×							
Essig-Öl-Marinade (S. 43)							×	
Exotische Früchte-Senfsauce (S. 41)	×					×		
Feine Sauce für feinen Fisch (S. 31)		×						
Fondue-Bananen-Currysauce (S. 45)	×					×		
Fondue-Dillsauce (S. 45)	×	×				×		
Fondue-Tomatensauce (S. 45)	×					×		
Früchte-Senfsauce (S. 32)	×							
Himbeersauce (S. 53)								×
Istanbul-Sauce (S. 35)	×	×				×		
Italienische Champignonsauce (S. 33)	×	×			×			

Wozu passen welche Saucen

	Fleisch Wild Geflügel	Fisch	Eier Auflauf Frikassee	Gemüse Kartoffeln	Reis Nudeln	Fondue	Salate Cocktails	Desserts
Italienische Paprikasauce (S. 34)	×	×			×			
Italienischer Sugo (S. 34)					×			
Joghurt-Marinade (S. 43)							×	
Kalte Tomaten-Würzsauce (S. 46)	×		×			×		
Karamelsauce (S. 52)								×
Katalanische Sauce (S. 35)	×	×			×	×		
Kirschsauce (S. 53)								×
Krabbensauce Nordsee (S. 26)		×	×		×			
Kräuter-Marinade (S. 44)							×	
Kräutersauce (S. 12)	×			×	×			
Marinade für Gemüsesalat (S. 11)							×	
Omas grüne Sauce (S. 31)	×		×	×				
Paprika-Esterházy-Sauce (S. 21)	×							
Pfirsichsauce (S. 41)	×	×						
Pikante Hackfleischsauce (S. 32)				×	×			
Pilzsauce extra (S. 30)	×							
Preiselbeercreme (S. 46)	×					×		
Reicher Kräuter-Dip (S. 49)	×					×	×	
Rotweinsauce (S. 53)								×
Sahne-Käsesauce (S. 29)	×							
Sahne-Marinade (S. 44)							×	
Sauce andalouse (S. 24)	×	×	×			×		
Sauce aus der Gascogne (S. 36)	×					×		
Sauce au vin blanc (S. 15)		×						
Sauce aux tomates (S. 22)			×	×	×			
Sauce Bastard (S. 12)	×	×	×	×				
Sauce bavaroise (S. 13)		×	×	×				
Sauce Béarnaise (S. 14)	×	×	×					
Sauce Béchamel (S. 15)	×		×	×				

Wozu passen welche Saucen

	Fleisch Wild Geflügel	Fisch	Eier Auflauf Frikassee	Gemüse Kartoffeln	Reis Nudeln	Fondue	Salate Cocktails	Desserts
Sauce bourguignonne (S. 19)	×							
Sauce Chantilly (S. 25)	×	×		×				
Sauce Choron (S. 14)	×					×		
Sauce Esterházy (S. 20)	×							
Sauce Hollandaise (S. 13)	×	×		×				
Sauce hongroise Nr. 1 (S. 21)	×	×						
Sauce hongroise Nr. 2 (S. 21)	×	×						
Sauce Mornay (S. 15)			×	×				
Sauce provençale (S. 20)	×	×						
Sauce rémoulade (S. 25)	×	×				×		
Sauce Robert (S. 23)	×							
Sauce Tatare (S. 25)	×	×				×	×	
Sauce Vinaigrette (S. 42)		×				×	×	
Sauce Zingara (S. 16)	×							
Scharfe Sauce (S. 49)	×					×		
Schinken-Béchamelsauce (S. 15)	×			×	×			
Schnelle Schokoladensauce (S. 51)								×
Schokoladensauce (S. 51)								×
Senfsauce (S. 13)	×	×	×					
Spanische Cocktailsauce (S. 42)	×	×				×	×	
Spanische Sauce (S. 34)	×		×		×			
Thousand Island Dressing (S. 43)							×	
Vanillesauce (S. 51)								×
Wiener Apfelkren (S. 36)	×							
Würzig rote Sauce (S. 50)	×							
Würzige Wildsauce (S. 30)	×							
Zwiebelcreme (S. 46)	×	×				×	×	

Tips und Pannenhilfen

- Bei hellen oder dunklen Saucen zunächst etwas kaltes Wasser, dann die heiße Flüssigkeit in die Mehlschwitze rühren. So gibt es garantiert keine Klümpchen.
- Bräunen Sie das Mehl für dunkle Saucen nicht zu stark an, sonst verbrennt es und schmeckt bitter.
- Alle Saucen, die mit Mehl gebunden werden, müssen mindestens 5, noch besser aber 15 Minuten kochen. Das Mehl wird dabei gar, und macht die Sauce fein sämig.
- Feine helle Saucen werden samtig, zart und wohlschmeckend, wenn Sie etwas Sahne unterrühren.

Saucen gewinnen durch Gewürze und Kräuter

- Sowohl helle als auch dunkle Saucen können mit Eigelb legiert werden. Nehmen Sie dazu etwas von der gargekochten Sauce ab, verquirlen sie mit einem Eigelb und rühren diese Mischung in die Sauce. Dann aber nicht mehr kochen! Sonst gerinnt das Eigelb.
- Bitte immer darauf achten: Die Kräuter nie mitkochen, wenn es nicht im Rezept angegeben ist. Gehackte Kräuter kommen erst zum Schluß in die Sauce, damit die Vitamine voll erhalten bleiben. Ausnahme: Salatmarinaden.
- Wollen Sie die dunkle Sauce ein bißchen beschwipst? Dann geben Sie trockenen Sherry oder trockenen Wermut, Portwein oder auch Tokajer hinein. 1 bis 2 Eßlöffel.
- Wenn Sie Ihre Mayonnaise zubereiten, sorgen Sie bitte dafür, daß Eier und Öl die gleiche Temperatur haben. Die Eier also frühzeitig aus dem Kühlschrank nehmen. Das ist die Voraussetzung zum guten Gelingen Ihrer Mayonnaise.
- Es könnte ja sein, daß die Mayonnaise doch einmal gerinnt. Eine der Rettungsmöglichkeiten: Eiskaltes Wasser unter ständigem Rühren tropfenweise hineingeben. Dann ist sie wieder glatt. Zweite Möglichkeit: Manchmal helfen ein paar Tropfen heißes Wasser.
- Folgen Sie nie der Empfehlung, sogenannte Kochweine - also billige Sorten - zum Kochen von Saucen zu verwenden. Was zum Trinken nicht gut genug ist, sollte es auch nicht zum Kochen sein. Nehmen Sie exzellenten Wein, damit die Sauce vorzüglich wird. Sie brauchen ja nicht soviel, daß der Preis ins Gewicht fallen würde.
- Wenn Sie Ihre Sauce mit Cognac, Obstgeist oder anderen Spirituosen abschmecken wollen, dann geben Sie den Alkohol zum Schluß hinein. Damit das Aroma erhalten bleibt, das sich sehr leicht verflüchtigt.
- Wasser im Wasserbad darf nie sprudelnd kochen, sonst gerinnen die Buttersaucen. Stellen Sie darum ein Glas kaltes Wasser neben den Herd und gießen Sie davon etwas ins Wasserbad, falls das Wasser zu sprudeln beginnt.
- Bitte immer nur so viel Sauce kochen, wie Sie voraussichtlich brauchen. Man kann sie zwar wieder aufwärmen, aber mit Mehl oder Speisestärke gebundene Saucen werden dadurch zu dick. Und außerdem schmecken frisch zubereitete Saucen am besten.

Die Grundsaucen auf einen Blick

Es gibt die helle und die braune Grundsauce (auch helle und dunkle gebundene Sauce genannt); und es gibt die Butter- oder aufgeschlagene Sauce. Wir kennen die Öl- oder kaltgeschlagene Sauce (Mayonnaise), die süßen, die Cocktail-, die Phantasie- (oder selbständigen) und die Salatsaucen, die besser als Marinaden bezeichnet werden. Wieviele? Die Zahl der Rezepte auf der ganzen Welt ist Legion. Aber man weiß, daß es etwa 600 klassische Saucen gibt.

Hier finden Sie einige davon:

Weiße Grundsauce

oder helle Sauce

25 g Butter oder Margarine · 25 g Mehl · ⅜ l heiße Fleisch-, Gemüse- oder Fischbrühe · Salz · weißer Pfeffer

So wird's gemacht: Die Butter oder Margarine in einem Topf erhitzen. Das Mehl hineinrühren und hellgelb werden lassen. Die heiße Brühe unter Rühren zugießen. 5–15 Minuten kochen lassen. Mit Salz und weißem Pfeffer abschmecken. Diese Sauce können Sie außerdem mit Geflügel-, Würfelbrühe oder mit ¼ l Brühe und ⅛ l Milch zubereiten.

Die feinen Würzmöglichkeiten: Frische gehackte Kräuter, geriebene Muskatnuß, geriebener Meerrettich (nicht mitkochen), Senf, Curry- oder Paprikapulver, auch Ingwerpulver. Mit kleingeschnittenem gekochtem Gemüse, vor allem mit Pilzen, kann man diese Sauce verfeinern.

Dunkle Grundsauce

oder braune Sauce

25 g Butter oder Margarine · 1 Zwiebel · 30 g Mehl · 1 Eßl. Tomatenmark · ¼–⅜ l heiße Fleischbrühe · 2 Teel. Fleischextrakt · Salz · schwarzer Pfeffer

So wird's gemacht: Die Butter oder Margarine in einem Topf erhitzen. Die geschälte und gewürfelte Zwiebel darin goldbraun werden lassen. Dann das Mehl hineinrühren und bräunen (aber nicht zu dunkel werden lassen). Das Tomatenmark darin durchschmoren und die heiße Fleischbrühe mit dem Fleischextrakt unter Rühren dazugeben. 15 Minuten kochen lassen. Dann salzen und pfeffern.

Die feinen Würzmöglichkeiten: Diese Sauce können Sie würzen mit Rotwein, Knoblauch, Piment, Basilikum, Cayennepfeffer, Liebstöckel, Lorbeerblatt, Paprikapulver, Rosmarin, Schnittlauch, ausgebratenem Speck, Sardellenpaste oder Senf. Es ist ja klar, daß Sie aus Bratfond (Bratensatz) eine besonders gute braune Sauce zubereiten können. Der Fond wird mit Wasser losgekocht, durchgesiebt und dann mit 2 Eßlöffeln Mehl gebunden. Besser noch mit Speisestärke (1 Eßlöffel auf ¼ l).

Mayonnaise

oder kaltgeschlagene Sauce (Ölsauce)

Grundrezept Echte Mayonnaise (siehe Rezept, Seite 24)

Mit dieser Sauce aus Eigelb, Salz, Pfeffer, Senf, Öl, Zitronensaft und Worcestersauce können Sie ungezählte Gerichte zubereiten. Das wissen Sie spätestens, wenn Sie die Kapitel »Prima für

Salate und Cocktails« und »Raffinierte Dips« gelesen haben. Entscheiden Sie selbst, ob Sie Ihre eigene Mayonnaise rühren oder ob Sie sie in Gläsern, Beuteln oder Tuben fertig kaufen wollen, um daraus Dips und Cocktailsaucen, auch Salatmarinaden herzustellen. Delikateß-Mayonnaise hat 80 Prozent Fettanteil, Salatmayonnaise 50 Prozent. Außerdem sind fettarme Mayonnaise-Zubereitungen im Handel zu haben.

Wenn man Gewürze mit dem Mörser für eine Sauce frisch zerstößt, verleiht man ihr ein besonders feines Aroma.

Buttersauce

oder aufgeschlagene Sauce

Diese Sauce ist die Grundlage zur Sauce Hollandaise und zur Sauce Béarnaise. Beide sind der Ursprung so mancher köstlicher, samtigzarter, duftiger Saucen, die Sie im Kapitel »Feine aufgeschlagene Saucen« finden.

1 Eigelb · 1 Eßl. lauwarmes Wasser · 2 Teel. Zitronensaft · Salz · 80 g zerlassene abgekühlte Butter · weißer Pfeffer

So wird's gemacht: Das Eigelb mit dem Wasser in einem Topf verquirlen. Den Zitronensaft hineinrühren, leicht salzen. Den Topf in ein Wasserbad stellen und die Masse cremig schlagen. Den Topf vom Herd nehmen und die Butter teelöffelweise unterrühren. Mit Salz und weißem Pfeffer abschmecken.

Blattsalat-Marinade

2 Eßl. Essig oder Zitronensaft · Salz · weißer oder schwarzer Pfeffer · 1 Prise Zucker · Gewürze nach Wunsch · 4 Eßl. Öl

So wird's gemacht: Den Essig oder den Zitronensaft mit den Gewürzen und den Kräutern mischen und zuletzt mit dem Öl verrühren.

Die feinen Würzmöglichkeiten: Knoblauch oder Knoblauchsalz, Zwiebel, gewürzter Pfeffer, gewürztes Salz, Paprikapulver, Ingwerpulver. An Kräutern: Schnittlauch, Petersilie, Borretsch, Dill, Kresse, Estragon, Zitronenmelisse oder Minze. Durch Zugabe von Sahne, Joghurt, Eigelb oder Mayonnaise abwandeln.

Marinade für Gemüsesalat

2 Eßl. Essig oder Zitronensaft · Salz · weißer oder schwarzer Pfeffer · 1 Prise Zucker · Gewürze und Kräuter nach Wunsch · 2 Eßl. Öl

So wird's gemacht: Den Essig oder den Zitronensaft mit den Gewürzen und den Kräutern mischen und zuletzt mit dem Öl verrühren.

Die feinen Würzmöglichkeiten: Für die Gemüsesalat-Marinade können Sie unter denselben Würzmöglichkeiten wählen wie für Blattsalat-Marinaden.

Feine aufgeschlagene Saucen

Die aufgeschlagenen Saucen, in der großen Gastronomie seit eh und je gepflegt, sind im Wasserbad geschlagene Buttersaucen. Sie verlangen bei der Herstellung einige Sorgfalt. Doch wer sich erst einmal mit ihrer Zubereitung vertraut gemacht hat, wird nicht mehr darauf verzichten wollen: Denn es lassen sich damit wahre Wunderdinge vollbringen.

Sauce Bastard

Buttersauce

¼ l Wasser · ½ Teel. Instant-Fleischbrühe oder wahlweise ¼ l Gemüse- oder Fischbrühe · 1 gestrichener Eßl. Butter · 1 gestrichener Eßl. Mehl · Salz · weißer Pfeffer · 1–2 Teel. Zitronensaft · 1 Eigelb · 1 Eßl. Sahne · 2 gehäufte Eßl. Butter

- Zubereitungszeit: 20 Minuten

So wird's gemacht: Das Wasser mit der Instant-Fleischbrühe beziehungsweise der Gemüse- oder Fischbrühe in einem Topf aufkochen. Oder die Gemüse- beziehungsweise die Fischbrühe aufkochen. • Die Butter bei schwacher Hitze in einem Topf schmelzen lassen. Das Mehl teelöffelweise hineinrühren. So lange rühren, bis eine homogene Masse entstanden ist. • Löffelweise – am besten mit einer kleinen Kelle – die Brühe unter Rühren zur Butter-Mehl-Masse geben. Bei schwacher Hitze unter ständigem Rühren 5 Minuten kochen lassen. • Mit dem Salz, dem weißen Pfeffer und dem Zitronensaft würzen. • Das Eigelb mit der Sahne verquirlen. Dann in die Sauce rühren. Erhitzen, aber nicht mehr kochen lassen. • Vom Herd nehmen und die 2 gehäuften Eßlöffel zerlassene Butter kräftig unterschlagen. Die Sauce noch einmal mit Salz und Pfeffer abschmecken und servieren.

Mein Tip Gelegentlich einen Teil Buttersauce (ohne die zusätzliche Butter) und einen Teil Holländische Sauce mischen, die löffelweise untergeschlagen wird, aber nicht kochen darf. Das gibt zwar eine kalorienreiche, aber sehr wohlschmeckende Sauce.

Schmeckt gut zu: gekochtem oder gedünstetem Fisch (hier mit Fischbrühe zubereiten), auch zu gekochtem Geflügel- oder Kalbfleisch, zu gekochten, halbierten Eiern, als Frikassee- oder Gemüsesauce.

Kräutersauce

Bei dieser aus der Sauce Bastard entwickelten Sauce können Sie wählen zwischen einer Petersilien-, Kerbel- oder Schnittlauchsauce oder einer aus gemischten Kräutern.

Grundrezept Sauce Bastard (siehe nebenstehendes Rezept)
3 Eßl. Kräuter

- Zubereitungszeit: 25 Minuten

So wird's gemacht: Die Sauce zubereiten, wie im Rezept Sauce Bastard beschrieben. • Die gewaschenen Kräuter hacken und in die fertige Sauce rühren.

Schmeckt gut zu: gekochtem Fleisch, als Sauce für Kalbs- und Geflügelfrikassee oder Kartoffelgemüse.

Senfsauce

Besonders ausgewogen im Geschmack ist diese aus der Sauce Bastard entwickelte Sauce.

Grundrezept Sauce Bastard (siehe Rezept, S. 12)
1 kleine Zwiebel · 1 Eßl. Senf

● Zubereitungszeit: 25 Minuten

So wird's gemacht: Die Buttersauce zubereiten, wie im Rezept Sauce Bastard beschrieben; dabei aber folgende Besonderheiten beachten: Die gewürfelte Zwiebel in der geschmolzenen Butter anbraten. • Die Buttersauce mit dem Mehl, der Fleischbrühe und den Gewürzen zubereiten. • Das mit der Sahne verquirlte Eigelb und den Senf unterrühren und abschmecken.

Schmeckt gut zu: pochierten Eiern (ganz klassisch), gekochter Rinderbrust oder Matjesheringen.

Sauce Hollandaise

Holländische Sauce

Bild Seite 17

Die Sauce Hollandaise gerinnt leicht. Das passiert Ihnen nicht, wenn Sie die Butter tropfenweise zugeben. Und bitte – wenn nötig – die Sauce auch im Wasserbad wieder aufwärmen. Denn im Topf direkt auf dem Herd gerinnt sie leider doch.

125 g Butter · 1½ Eigelbe oder 2 kleine Eigelbe · gut 1 Eßl. Wasser · knapp 1 Eßl. Zitronensaft · Salz · weißer Pfeffer · 1 Prise Cayennepfeffer

● Zubereitungszeit: 20 Minuten

So wird's gemacht: Die Butter in einem Topf bei schwacher Hitze schmelzen lassen (Bild 2). • Die Eigelbe, das Wasser, den Zitronensaft und das Salz in einem anderen Topf verquirlen (Bild 3). • Im heißen Wasserbad mit dem Schneebesen rühren, bis eine cremige Masse entsteht (Bild 4). • Den Topf aus dem Wasserbad nehmen. Die Butter zuerst tropfenweise unterschlagen, später eßlöffelweise (Bild 5). • Mit Salz, weißem Pfeffer und dem Cayennepfeffer abschmecken. Die Sauce sofort servieren.

Schmeckt gut zu: gegrilltem und kurzgebratenem Fleisch und zu feinem Gemüse wie Spargel. Auch zu frischem Hummer und gekochten Scampi.

Sauce Chantilly

Schaum- oder Mousselinesauce

Eine bestechend einfache Erweiterung der Sauce Hollandaise ist die weltberühmte Sauce Chantilly.

Grundrezept Sauce Hollandaise (siehe Rezept, Seite 13)
2 Eßl. geschlagene Sahne

● Zubereitungszeit: 20 Minuten

So wird's gemacht: Die Sauce, wie im Rezept Sauce Hollandaise beschrieben, zubereiten. • Nach dem Abschmecken die geschlagene Sahne unterheben.

Schmeckt gut zu: Roastbeef, Rinderbrust oder Kochfisch.

Sauce bavaroise

Bayerische Sauce

Krebsbutter macht aus der Sauce Hollandaise die pikante Sauce bavaroise.

Grundrezept Sauce Hollandaise (siehe Rezept, Seite 13, aber mit 125 g Krebsbutter statt mit Butter)
2 Eßl. geschlagene Sahne · 50 g Krebsschwänze

● Zubereitungszeit: 25 Minuten

So wird's gemacht: Mit der Krebsbutter, den Eigelben, dem Wasser, dem Zitronensaft, dem Salz, Pfeffer und Cayennepfeffer eine Sauce Hollandaise bereiten. • Zum Schluß die geschlagene Sahne und die gewürfelten Krebsschwänze unterheben. • Die Sauce mit kleinen Krebsschwänzen garnieren.

Schmeckt gut zu: Kalbfleischragout mit Klößchen, gegrilltem Lachs, gekochtem Heilbutt, auch mal zu Blumenkohl oder Spargel.

Sauce Béarnaise

Béarner Sauce

Die Sauce Béarnaise soll dicker sein als ihre nahe Verwandte, die Sauce Hollandaise. Aber manchmal mag ich sie ein wenig flüssiger. Das geht mit zusätzlich 2 Eßlöffeln feinem Weißwein. Die Flüssigkeit etwas länger einkochen lassen.

2 kleine Schalotten · 2 Eßl. Estragonessig · 3 zerdrückte Pfefferkörner · 1 Teel. Fleischextrakt · 1 Eßl. Wasser · 100 g Butter · 3 Eigelbe · 1 Eßl. warmes Wasser · Salz · 1 Prise Cayennepfeffer · 1 Teel. gehackter Estragon · 1 Teel. gehackter Kerbel

● Zubereitungszeit: 20 Minuten

So wird's gemacht: Die Schalotten schälen und hacken. Mit dem Estragonessig, den zerdrückten Pfefferkörnern und dem im Wasser aufgelösten Fleischextrakt in einem Topf aufkochen. • Die Mischung so lange leicht sieden lassen, bis die Schalotten glasig sind und die Flüssigkeit auf etwa 2 Eßlöffel reduziert ist. • Die Flüssigkeit durchsieben. • Während die Mischung kocht, die Butter bei schwacher Hitze schmelzen lassen. • Die Eigelbe mit dem warmen Wasser in einem Topf verquirlen. Im Wasserbad cremig rühren. • Die geschmolzene Butter nach und nach teelöffelweise zum Eigelb geben. Auch die Schalottenflüssigkeit unter Rühren zufügen. • Aus dem Wasserbad nehmen. Mit Salz und Cayennepfeffer abschmecken. Den gehackten Estragon und den gehackten Kerbel unterheben.

Schmeckt gut zu: gegrilltem Fleisch, ganz gleich, ob Rollbraten, Steaks, Koteletts oder Spieße. Außerdem zu gegrilltem Fisch und zu feinen Eierspeisen.

Sauce Choron

Grundrezept Sauce Béarnaise (Rezept nebenstehend; aber ohne gehackte Kräuter)
1 Eßl. feinstes Tomatenmark

● Zubereitungszeit: 30 Minuten

So wird's gemacht: Die Sauce, wie im Rezept Sauce Béarnaise beschrieben, zubereiten – freilich ohne die dort angegebenen Kräuter. Für die Sauce Choron das Tomatenmark dick einkochen und zuletzt der Sauce zufügen.

Schmeckt gut zu: gebratenen oder gegrillten Schweinesteaks, gegrillten Lammkoteletts.

Sauce Béchamel

Béchamelsauce

1 Zwiebel · 1 gehäufter Eßl. Butter · 2 gehäufte Eßl. Mehl · ⅛ l heiße Kalbfleischbrühe, möglichst selbst gekocht · ⅛ l heiße Milch · Salz · weißer Pfeffer · geriebene Muskatnuß · Schnittlauch

- Zubereitungszeit: 20 Minuten

So wird's gemacht: Die Zwiebel schälen und kleinwürfeln. • Die Butter in einem Topf erhitzen. Die Zwiebelwürfel darin glasig, aber nicht braun werden lassen. • Das Mehl unter Rühren zufügen. Anschwitzen lassen. • Die heiße Kalbfleischbrühe zugießen. Aufkochen. • Die heiße Milch zugeben und noch einmal aufkochen. • Die Sauce mit Salz, Pfeffer und geriebener Muskatnuß würzen. Durchsieben, abschmecken und mit Schnittlauch garnieren.

Schmeckt gut zu: frischen jungen Pellkartoffeln (dann in die Sauce mehr Schnittlauch hineingeben) und Kopfsalat.

Schinken-Béchamelsauce

Grundrezept Sauce Béchamel (Rezept obenstehend, aber ohne Schnittlauchröllchen)
40 g Schinken

- Zubereitungszeit: 25 Minuten

So wird's gemacht: Eine Béchamelsauce nach Rezept zubereiten. • Den Schinken feinwürfeln und nach dem Durchsieben zugeben. Erhitzen und dann erst abschmecken.

Schmeckt gut zu: Wirsing, gekochtem Fenchel und Chinakohl. Auch zu gekochtem Rindfleisch.

Mein Tip Wer die Sauce Béchamel mit 4 gehäuften Eßlöffeln Mehl bindet, kann sie zum Überbacken von Aufläufen verwenden. Eine Ecke Schmelzkäse hineingerührt, macht sie herzhafter.

Sauce Mornay

Grundrezept Sauce Béchamel (Rezept nebenstehend, aber ohne Schnittlauch)
2 Eigelbe · 3 Eßl. Sahne · 30 g geriebener Parmesan- oder Emmentaler Käse

- Zubereitungszeit: 25 Minuten

So wird's gemacht: Die Béchamelsauce nach Rezept kochen. • Die Eigelbe mit der Sahne in einer Tasse mit etwas fertiger Béchamelsauce verquirlen. Mit dem geriebenen Käse in die Sauce rühren. Nicht mehr kochen.

Schmeckt gut zu: Gerichten aus Geflügel, Fleisch, Gemüse, Nudeln, Fisch, die überbacken werden sollen. Je nach Verwendungszweck die spezielle Brühe angießen.

Sauce au vin blanc

Weißweinsauce

250 g Seeaal oder Fischabfälle · ⅛ l Wasser · Salz · 1 kleine Zwiebel · 1 Gewürznelke · 1 Stück Lorbeerblatt · 3 weiße Pfefferkörner · ⅛ l Weißwein · 3 Eigelbe · 100 g Butter · weißer Pfeffer

- Zubereitungszeit: 40 Minuten, davon 20 Minuten für den Fischfond

So wird's gemacht: Den Seeaal (er gehört zu den einfachsten Fischsorten und ist daher preiswert) oder die Fischabfälle putzen und waschen. • Den Fisch oder die Fischabfälle mit dem Wasser und etwas Salz in einen Topf geben. Dazu die geschälte Zwiebel, die Gewürznelke, das Lorbeerblatt und die Pfefferkörner. Aufkochen. • Die Mischung bei schwacher Hitze zugedeckt 20 Minuten köcheln lassen. • Den Fischfond durchsieben. In einem Topf aufkochen und auf etwa knapp ⅛ l einkochen lassen. • Den Weißwein und die Eigelbe miteinander verquirlen. Mit dem Schneebesen in den Fischfond rühren. Im heißen Wasserbad unter ständigem Schlagen erhitzen (das Wasser darf nicht kochen). • Die geschmolzene Butter teelöffelweise untermischen und alles so lange schlagen, bis die Sauce cremig ist. Mit Salz und Pfeffer würzen.

Schmeckt gut zu: Gerichten aus gekochtem Fisch wie Seezunge, Heilbutt, Steinbutt, auch Langusten und Hummer. Sehr gut auch zu kernigem Schellfisch.

Sauce Zingara

Zigeunersauce

An sich gehört in die Zigeunersauce eine in feine Streifen geschnittene Trüffel. Eine teure Angelegenheit.

1 Zwiebel · 1 Möhre · 20 g durchwachsener Speck · 1 gestrichener Eßl. Butter oder Margarine · 1 Thymianzweig · 1 Stück Lorbeerblatt · ⅛ l Weißwein · ¼ l Rindfleischbrühe · 2 Eßl. Tomatenmark · 2 gestrichene Eßl. Mehl · Salz · 1 Prise Cayennepfeffer · 2 Eßl. Madeirawein · 1 Scheibe gekochter magerer Schinken · 1 Scheibe Pökelzunge · 30 g Champignons aus der Dose

• Zubereitungszeit: 40 Minuten

So wird's gemacht: Die Zwiebel schälen. Die Möhre schälen und waschen. Beides kleinwürfeln. • Den Speck auch würfeln und in einem Topf mit der erhitzten Butter oder Margarine ausbraten. Die Zwiebel- und Möhrenwürfel, den Thymianzweig und das Lorbeerblatt darin durchrösten. Den Weißwein und ⅓ der Rindfleischbrühe zugießen. • Die Mischung im offenen Topf 15–20 Minuten kochen. • Die Sauce durch ein Sieb streichen. • In einem Topf wieder aufkochen. Die restliche Rindfleischbrühe und das Tomatenmark dazugeben. • Mit dem in kaltem Wasser angerührten Mehl binden. 5 Minuten kochen lassen. • Mit wenig Salz, dem Cayennepfeffer und dem Madeirawein abschmekken. • Den gekochten mageren Schinken, die Pökelzunge und die Champignons in sehr feine Streifen schneiden. Miteinander mischen. • Die Sauce Zingara damit garnieren.

Schmeckt gut zu: würzigem Spießbraten, zu gekochter Pökelzunge, aber auch zu einem kräftigen Schweinebraten. In diesem Fall bitte den Braten mit Zwiebel, Möhre, Speck und Fett anrösten. Den Fond mit Weißwein und Rindfleischbrühe loskochen. 10 Minuten einkochen lassen, durchsieben und wie im Rezept weiterarbeiten.

Die Sauce Hollandaise gehört zu den klassischen Saucen. Sie ist auch als Holländische Sauce bekannt. Rezept Seite 13. ▷

Sauce bourguignonne

Burgunder Sauce

2 Schalotten · ¾ l roter Burgunderwein · 1 Zweig Thymian · ¼ Lorbeerblatt · 1 Prise Zucker · 3 Stengel Petersilie · 50 g Champignons · 3 gestrichene Eßl. Butter · 3 gestrichene Eßl. Mehl · 1 Prise Zucker · 1 Prise Cayennepfeffer · eventuell Salz

- Zubereitungszeit: 25 Minuten

So wird's gemacht: Die Schalotten schälen und feinhacken. • Den Burgunderwein in einem Topf aufkochen lassen. • Die gehackten Schalotten mit dem Thymian, dem Lorbeerblatt, dem Zukker und der Petersilie dazugeben. • Die Champignons putzen und blättrig schneiden. Die Hälfte davon in den Topf geben. • Alles so lange kochen, bis die Flüssigkeit um die Hälfte reduziert ist. Das dauert etwa 10 Minuten im offenen Topf. • Die Sauce durch ein Sieb in einen Topf passieren. • 1 Eßlöffel Butter mit dem Mehl verkneten. In die Sauce rühren. Mit den restlichen Champignonscheiben gut durchkochen. • Die Sauce mit dem Zucker, dem Cayennepfeffer und nach Geschmack auch mit Salz abschmecken. • Die restliche zerlassene Butter mit einem Schneebesen in die Sauce schlagen.

Schmeckt gut zu: Rinderschmorbraten, gekochter Rinderzunge, auch zu gegrillten Schweinekoteletts, zu gebratenem oder überbackenem Schinken.

◁ Eine besonders pikante Beigabe zu gegrilltem Fleisch ist die Istanbul-Sauce, die ihren besonderen Geschmack durch raffinierte Zutaten, wie Zitronat, Mandeln und Senffrüchte erhält. Rezept Seite 35.

Burgunder Bratensauce

Jeden Braten, ganz gleich ob vom Schwein, vom Rind (Roastbeef), vom Lamm oder vom Kalb, können Sie auf Burgunder Art zubereiten: Durch die Burgunder Bratensauce, eine von der Sauce bourguignonne abgeleitete Sauce.

2 Schalotten · ⅜ l Burgunderwein · 1 Zweig Thymian · ¼ Lorbeerblatt · 1 Prise Zucker · 3 Stengel Petersilie · 20 g Champignons · 3 gestrichene Eßl. Butter · 3 gestrichene Eßl. Mehl · 1 Prise Zucker · 1 Prise Cayennepfeffer · Salz

- Zubereitungszeit: 25 Minuten

So wird's gemacht: Die geschälten und feingehackten Schalotten mit dem Schmorbraten am Ende der Garzeit 5 Minuten braten. Den Braten aus dem Topf nehmen und warm stellen. • Den Burgunderwein mit dem Thymian, dem Lorbeerblatt, dem Zucker, der Petersilie und den geputzten und blättrig geschnittenen Champignons zum Bratenfond geben und 5 Minuten kochen. Den Fond durchsieben und weiter wie im Rezept Sauce bourguignonne (nebenstehend) verfahren.

Mein Tip Wenn Sie gerade einen Schmorbraten oder einen Schweinebraten zubereiten, dann nutzen Sie den Fond besonders gut aus, wenn Sie ihn mit ½ l Rotwein aufkochen und ihn dann auf die Hälfte einkochen, also reduzieren.

Sauce provençale

Provenzalische Sauce
Bild Seite 27 (oben)

Kenner schätzen vor allem den Knoblauch in dieser Sauce und verwenden anstelle von Knoblauchsalz eine frische Knoblauchzehe. Sie wird geschält, feingehackt und mit den Zwiebeln in Olivenöl gebraten.

3 mittelgroße Tomaten · 1 Prise Knoblauchsalz · 3 kleine Zwiebeln · 3 Eßl. Olivenöl · ⅛ l Weißwein · ¼ l heiße Rindfleischbrühe aus Würfeln · Cayennepfeffer · 1 Eßl. Zitronensaft

● Zubereitungszeit: 25 Minuten

So wird's gemacht: Die Tomaten waschen, abziehen und vierteln. Dabei die Stengelansätze herausschneiden. Die Tomaten kleinwürfeln. Mit dem Knoblauchsalz würzen. • Die Zwiebeln schälen und ebenfalls kleinwürfeln. • Das Olivenöl in einem Topf erhitzen. Die Zwiebelwürfel darin goldgelb braten. • Die Tomatenwürfel in den Topf geben und unter Rühren gut durchschmoren. Den Weißwein zugeben. Umrühren. • Die Mischung etwa 10 Minuten im offenen Topf einkochen lassen. Es soll etwa noch ⅓ übrigbleiben. • Jetzt die heiße Fleischbrühe dazugießen. Gut miteinander verrühren. Noch 5 Minuten kochen. Mit wenig Cayennepfeffer und mit dem Zitronensaft abschmecken. Eventuell noch nachsalzen.

Schmeckt gut zu: gebratenem Rindfleisch, zu gebratenem Geflügel, auch zu gebratenem Fisch. Bei Gebratenem bitte den Fond mitverwerten. Zu allen Gerichten am besten körnig gekochten Reis oder auch Nudeln reichen.

Sauce Esterházy

Esterházy-Sauce

Sauce Esterházy schmeckt prima und ist so vielseitig zu verwenden, daß ich immer die vierfache Menge des Rezepts zubereite und einen Teil davon einfriere.

2 mittelgroße Zwiebeln · 2 gehäufte Eßl. Butter · gut ⅜ l Weißwein · 2 Teel. Bratensaft (Fertigprodukt) · 1 mittelgroße Möhre · ½ weiße Rübe oder ½ Kohlrabi · ¼ Sellerieknolle · ⅛ l Wasser · Salz · 1 Eßl. edelsüßes Paprikapulver · je 1 Prise Zucker und rosenscharfes Paprikapulver · schwarzer Pfeffer · ½ Becher saure Sahne

● Zubereitungszeit: 40 Minuten

So wird's gemacht: Die Zwiebeln schälen und feinwürfeln. • Die Hälfte der Butter in einem Topf erhitzen. Die Zwiebelwürfel darin goldgelb braten. • Den Weißwein mit dem Bratensaft zugießen. Die Mischung im offenen Topf um ⅓ einkochen lassen (reduzieren). • Inzwischen die Möhre, die weiße Rübe oder den Kohlrabi und die Sellerieknolle putzen, waschen und in sehr feine Streifen (Julienne) schneiden. • Das Wasser mit etwas Salz in einem Topf aufkochen. Die Gemüse-Julienne hineingeben. 10 Minuten kochen, dann abtropfen lassen. • Die Weißweinmischung durchsieben. Wieder aufkochen. Mit dem edelsüßen Paprikapulver, dem Zucker, dem rosenscharfen Paprikapulver, Pfeffer und etwas Salz würzen. • Die saure Sahne unterrühren und durchkochen. • Die abgetropfte Gemüse-Julienne kurz in der restlichen erhitzten Butter schwenken. Die Sauce damit garnieren.

Schmeckt gut zu: kurzgebratenem Fleisch, besonders zu gegrilltem Kotelett oder Schweinesteak, auch zu gedünstetem Fleisch. Wenn Sie einen Schweine- oder Schmorbraten zubereiten, dann braten Sie die Zwiebeln im Bratfond an, geben den Weißwein zu, lassen ihn einkochen und arbeiten weiter wie im Rezept. Aber den Bratensaft weglassen.

Paprika-Esterházy-Sauce

Grundrezept Sauce Esterházy (aber mit ⅜ l feinem trockenem Rosé statt mit Weißwein und ohne Möhren, Rüben und Sellerie)
½ grüne Paprikaschote · ½ rote Paprikaschote · 1 Eßl. Butter

• Zubereitungszeit: 35 Minuten

So wird's gemacht: Nach dem Rezept Sauce Esterházy die Reduktion aus Zwiebeln, Butter und Rosé zubereiten. Durchsieben, würzen. Die grüne und die rote Paprikaschote in Julienne (feine Streifen) schneiden und 5 Minuten in heißer Butter schwenken. • Nach der sauren Sahne in die fertige Sauce mischen. Abschmecken.

Schmeckt gut zu: kurzgebratenem Fleisch und zu gedünstetem Fisch, zu Wild und Geflügel.

Sauce hongroise Nr. 1

Ungarische Sauce

2 Zwiebeln · 50 g durchwachsener Speck · 2 Eßl. Schweineschmalz · 2 gestrichene Eßl. Mehl · 2 gestrichene Eßl. edelsüßes Paprikapulver · ¼ l saure Sahne · ⅛ l heiße Rindfleischbrühe · 1 Prise rosenscharfes Paprikapulver · Salz · Pfeffer

• Zubereitungszeit: 15 Minuten

So wird's gemacht: Die Zwiebeln schälen und kleinhacken. Den durchwachsenen Speck kleinwürfeln. • Das Schweineschmalz in einem Topf erhitzen. Zwiebel- und Speckwürfel darin goldbraun braten. • Mit dem Mehl bestäuben. Unter Rühren gut durchrösten. Das edelsüße Paprikapulver hineinrühren, dann die saure Sahne dazugeben. • Die Mischung unter Rühren bei schwacher Hitze gut 5 Minuten kochen. • Mit der heißen Rindfleischbrühe aufgießen. Aufkochen und durch ein Sieb streichen. • Die Sauce erhitzen. Mit dem rosenscharfen Paprikapulver, wenig Salz und 1 Prise Pfeffer würzen.

Mein Tip Es gibt viele, die weder Speck noch Schweineschmalz vertragen können. Verwenden Sie dann 50 g mild geräuchertes Kasseler und 2 Eßlöffel Öl. Der Geschmack wird zwar etwas anders, ist darum aber nicht weniger gut.

Schmeckt gut zu: Schweinebraten, gebratenem Hähnchen und gekochtem Fisch, Kabeljau zum Beispiel. Beim Braten die Zwiebeln und den Speck im Bratfond anrösten.

Sauce hongroise Nr. 2

Ungarische Sauce

Grundrezept Sauce au vin blanc (siehe Rezept, Seite 15)
⅛ l Kalbsbratfond · ¼ l saure Sahne · 2 gestrichene Eßl. edelsüßes Paprikapulver · 2 gestrichene Eßl. rosenscharfes Paprikapulver

• Zubereitungszeit: 20 Minuten

So wird's gemacht: Eine Weißweinsauce nach Rezept bereiten und mit Kalbsbratfond und saurer Sahne verkochen. • Mit edelsüßem und rosenscharfem Paprikapulver kräftig würzen.

Cumberland-Sauce

Je 1 unbehandelte Orange und Zitrone · 1 Schalotte · 3 Eßl. Rotwein · 250 g Johannisbeergelee · 1 Teel. englisches Senfpulver · Salz · 1 Prise Cayennepfeffer · 1 Prise Ingwerpulver · 1–2 Eßl. Portwein

- Zubereitungszeit: 30 Minuten, ohne Abkühlzeit

So wird's gemacht: Die Orange und die Zitrone waschen und abtrocknen. Dann hauchdünn schälen, so daß die weiße Haut noch an den Früchten ist. Die Schalen in winzige kurze Streifen (Julienne) schneiden. Die Schalotte schälen und sehr fein würfeln. • Den Rotwein in einem Topf aufkochen. Die Orangen- und Zitronenschalenstreifen und die gewürfelte Schalotte darin 10 Minuten leicht ziehen, dann abkühlen lassen. • Das Johannisbeergelee mit dem Senfpulver glattrühren. Mit Salz, dem Cayennepfeffer und dem Ingwer würzen. Die kalte Rotwein-Mischung unterrühren und den Portwein zugeben. Abschmecken und kalt servieren.

Mein Tip Die Cumberland-Sauce ist eine der berühmtesten englischen Saucen. Wenn man sie vor dem Servieren einige Stunden zugedeckt gut durchziehen läßt, dann entfaltet sie erst ihr volles Aroma.

Schmeckt gut zu: kaltem Wild, kalten Pasteten und Terrinen (besonders vom Wild), auch zur Fondue bourguignonne.

Sauce aux tomates

Tomatensauce

4 mittelgroße reife Tomaten · ⅛ l Wasser · 1 Zwiebel · 25 g durchwachsener Speck · etwas Lauch (Porree) · 1 Stückchen Sellerieknolle · 2 Eßl. Öl · 2 gestrichene Eßl. Mehl · ¼ l heiße Rindfleischbrühe · 1 Zweig Thymian · 1 Stückchen Lorbeerblatt · 1 Prise Zucker · Salz · schwarzer Pfeffer · 1 Teel. Butter

- Vorbereitungszeit: 10 Minuten
- Zubereitungszeit: 50 Minuten

So wird's gemacht: Die Tomaten waschen und vierteln. Dabei die Stielansätze entfernen. Mit dem Wasser in einen Topf geben. Aufkochen. Bei schwacher Hitze im offenen Topf 20 Minuten kochen lassen. Von Zeit zu Zeit umrühren, damit das Püree nicht ansetzt. • Durch ein feines Sieb in einen Topf passieren. Noch 10 Minuten unter Rühren einkochen. • Die Zwiebel schälen und kleinwürfeln. Auch den durchwachsenen Speck kleinwürfeln. Den Lauch und das Stückchen Sellerieknolle feinwürfeln. • Wenn das Tomatenpüree eingekocht ist, das Öl in einem Topf erhitzen. Den Speck darin glasig werden lassen. Die Zwiebelwürfel und das gewürfelte Gemüse dazugeben und goldgelb braten. • Die Mischung mit dem Mehl überstäuben. Unter Rühren anschwitzen. • Dann das Tomatenpüree in den

Mein Tip Ich gebe gerne 1 Prise getrockneten Salbei in die Tomatensauce. Das gibt ihr eine unnachahmliche Würze. In diesem Fall bin ich mit der Prise Zucker nicht so kleinlich. Tomaten vertragen ihn ohnehin sehr gut. Zucker intensiviert ihren Geschmack.

Topf geben und mitbraten. Die Rindfleischbrühe zugießen. Aufkochen. Den Thymian, das Lorbeerblatt und den Zucker hinzufügen. Insgesamt 20 Minuten zugedeckt köcheln lassen. • Die Sauce durch ein Sieb passieren. In einem Topf erhitzen. Mit Salz und Pfeffer abschmecken und die Butter darin zerlassen.

Variante: Feinstgeschnittene Lauchstreifen (Julienne) blanchieren und in die fertige Sauce mischen. Oder roh hineingeben.

Schmeckt gut zu: Hackfleischauflauf und hartgekochten oder pochierten Eiern, zu gekochtem Blumenkohl und zu Spinat. Aber vor allem zu Nudeln oder auf überbackenen Nudelaufläufen. Ein Risotto, der mit einer großen Portion geriebenem Käse gemischt wurde, verlangt geradezu nach einer so guten Tomatensauce.

Sauce Robert

70 g Butter · 30 g Mehl · ⅜ l heiße Fleischbrühe · 2 Zwiebeln · 1 Eßl. roter Weinessig · 8 Eßl. guter Weißwein · 1 Eßl. scharfer Senf · Salz · schwarzer Pfeffer · Zucker

- Zubereitungszeit: 30 Minuten

So wird's gemacht: 40 g Butter in einem Topf erhitzen. Das Mehl zugeben und unter Rühren so lange durchschwitzen, bis das Mehl gebräunt ist. Weiterrühren und die Fleischbrühe angießen. Bei geringer Hitze unter gelegentlichem Rühren 15 Minuten kochen lassen. Vom Herd nehmen. • Die Zwiebeln schälen und würfeln. In der restlichen Butter in einem Topf in etwa 5 Minuten goldgelb braten. Mit dem Essig und 5 Eßlöffeln Weißwein ablöschen. Die Flüssigkeit zur Hälfte einkochen. • Die dunkle Sauce unterrühren und aufkochen. Dann durch ein Sieb passieren. Wieder erhitzen. Den restlichen Wein zugießen und den Senf unterrühren. Mit Salz, schwarzem Pfeffer und Zucker würzig abschmecken.

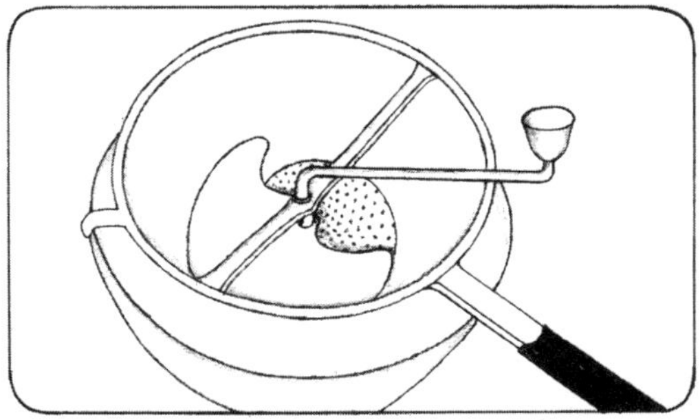

Mit diesem Passiersieb lassen sich festere Bestandteile gut in die Sauce streichen.

Schmeckt gut zu: kurzgebratenen Fleischstücken wie Koteletts oder Steaks. Auch zu Schweinebraten. Dabei anstelle der Fleischbrühe den Fond mit ⅜ l Wasser loskochen und für die Sauce verwenden.

Mayonnaise-Saucen mit Tradition

Mayonnaise-Saucen haben ihren festen Platz in der gastronomischen Küche; denn kaum eine andere Gruppe von Saucen ist so vielseitig verwendbar wie sie. Aus der kalten Küche sind sie nicht wegzudenken. So gibt es sie zum Beispiel auf jedem großen kalten Buffet – sei es in einem der vielen Salate verarbeitet, sei es in Schüsselchen separat angeboten. Sie bereichern aber auch die warme Küche: Denn sie geben so manchem Gemüsegericht und manchem Braten die besondere geschmackliche Note.

Echte Mayonnaise

Bild Seite 47

Keine Frage, es gibt vorzügliche Mayonnaise fertig zu kaufen. Aber es könnte ja sein, daß Sie sie selbst rühren wollen. Sollte die Mayonnaise mal gerinnen, dann rühren Sie 1 zusätzliches Eigelb glatt und dahinein teelöffelweise die geronnene Mayonnaise.

2 Eigelbe · Salz · 1 Prise weißer Pfeffer · 2 Teel. Dijon- oder anderer Senf · 2 Teel. Zitronensaft oder Essig · 1 Prise Zucker · ¼ l Öl · einige Tropfen Worcestersauce

- Zubereitungszeit: 15 Minuten

So wird's gemacht: Die Eigelbe mit Salz, dem weißen Pfeffer, dem Senf, ein paar Tropfen Zitronensaft oder Essig und dem Zucker in einer Schüssel verquirlen. Bitte immer in derselben Richtung rühren. Und am besten dazu einen Schneebesen verwenden. • Wenn sich die Gewürze aufgelöst haben und die Masse gut gemischt ist, das Öl zunächst tropfenweise hineinrühren. Sobald die Masse cremig zu werden beginnt, das Öl in dünnem Strahl zufügen. • Den restlichen Zitronensaft (oder den Essig) hineinrühren und die fertige Mayonnaise mit der Worcestersauce abschmecken. • Bis zum Gebrauch zugedeckt im Kühlschrank aufbewahren.

Schmeckt gut zu: kaltem Fleisch, zu Gegrilltem, zu Krabben. Als Sauce für deftige Salate.

Sauce andalouse

Andalusische Sauce
Bild Seite 38

200 g Tomaten · 1 kleine grüne Paprikaschote · gewürztes Salz · 1 Prise schwarzer Pfeffer · 1 Prise Cayennepfeffer · 6 paprikagefüllte spanische Oliven · 2 Gläser (10 Eßl.) trockener Sherry · 100 g Salatmayonnaise · 8 Eßl. Olivenöl · 2 Teel. getrockneter Majoran · 1 Teel. gehacktes frisches Bohnenkraut

- Zubereitungszeit: 25 Minuten – ohne Ruhezeit

So wird's gemacht: Die Tomaten einritzen. Mit kochendheißem Wasser überbrühen, kalt abschrecken und häuten. Das Fruchtfleisch kleinschneiden, dabei die Stielansätze entfernen. Die Paprikaschote vierteln, entkernen, putzen und waschen. Feinhacken. • Die Tomatenstücke in einen Topf geben. Würzsalz, schwarzen Pfeffer und Cayennepfeffer zugeben. 5 Minuten kochen. Die Paprikastücke zugeben. 15 Minuten ziehen lassen. Den Topf vom Herd nehmen. Die Oliven feinhacken und unterheben. Den Sherry, die Mayonnaise und das Öl sorgfältig unterrühren. Die Kräuter zwischen den Fingern zerreiben und in die Mischung rühren. Abschmecken. • Die Sauce 1 Tag zugedeckt im Kühlschrank ruhen lassen.

Schmeckt gut zu: Schweinesteaks und -koteletts, Grillhähnchen, Lammkoteletts, gekochtem Fisch, Fleisch, Fischpasteten und zu Eiern.

Sauce Chantilly

Chantillysauce

100 g Salatmayonnaise · 1 Eßl. Zitronensaft · 1 Prise Cayennepfeffer · 2 Eßl. Gemüse- oder Fischbrühe · 4 Eßl. Sahne

● Zubereitungszeit: 10 Minuten

So wird's gemacht: Die Mayonnaise mit dem Zitronensaft, dem Cayennepfeffer und der Brühe nach Geschmack glattrühren. • Die steif geschlagene Sahne unterheben.

Schmeckt gut zu: Spargel und Broccoli, Champignons und Artischocken. Ergibt einen feinen Dip, wenn man zusätzlich ein paar abgetropfte Mandarinen hineinschneidet.

Sauce Tatare

Tatarensauce
Bild Seite 28

1 kleine Gewürzgurke · ½ Bund Petersilie · ½ Bund Dill · ½ Bund Estragon · 80 g Mixed Pickles mit Sud aus dem Glas · 1 Röhrchen Kapern · 1 hartgekochtes Ei · 100 g Salatmayonnaise · 80 g saure Sahne · Salz · 1 Prise Zucker

● Zubereitungszeit: 20 Minuten

So wird's gemacht: Die Gewürzgurke schälen und feinhacken. Die Petersilie, den Dill und den Estragon kalt abbrausen, auf einem Küchentuch abtropfen lassen, Blättchen von den Stengeln lösen und feinhacken. Die Mixed Pickles, die Kapern und das geschälte Ei auch kleinhacken. Alle diese Zutaten mischen. • Die Salatmayonnaise und die saure Sahne miteinander glattrühren. Die übrigen Zutaten und etwas Mixed-Pickles-Sud unterrühren. Nach Wunsch noch mit Salz und den Zucker abschmecken.

Schmeckt gut zu: gebratenem Fisch, Räucherlachs, zu kalt aufgeschnittenem Braten, eignet sich aber auch als Marinade für Kartoffelsalat oder als Dip für Fondue bourguignonne oder rohes Gemüse wie Bleichsellerie.

Sauce rémoulade

Remouladensauce

1 kleine Zwiebel · 1 kleine Gewürzgurke · 1 Sardellenfilet · ½ Bund Petersilie · je 2 Stengel Kerbel und Estragon · 2 Teel. Kapern · 100 g Salatmayonnaise · Salz · weißer Pfeffer · eventuell 1 Prise Zucker · 1 Teel. Senf

● Zubereitungszeit: 20 Minuten

So wird's gemacht: Die geschälte Zwiebel, die Gewürzgurke und das Sardellenfilet kleinschneiden. • Die Petersilie, den Kerbel und den Estragon waschen und abtropfen lassen. • Alle diese Zutaten und die Kapern feinhacken. • Die Mayonnaise in einer Schüssel mit Salz, weißem Pfeffer, eventuell 1 Prise Zucker und dem Senf verrühren. Die gehackten Zutaten untermischen. Kräftig abschmecken.

Schmeckt gut zu: gebratenem Fisch, Räucherlachs, zu kaltem Braten, als Marinade für einen Kartoffelsalat oder als Dip für Fondues.

Currysauce

1 kleine Zwiebel · 2 gestrichene Eßl. Butter oder Margarine · 1 gestrichener Eßl. Mehl · ⅛ l Rindfleischbrühe, selbstgekocht oder aus Würfeln · 2 Teel. Currypulver · Salz · ⅛ l Sahne

● Zubereitungszeit: 20 Minuten

So wird's gemacht: Die Zwiebel schälen und feinwürfeln. • Die Butter oder Margarine in einem Topf erhitzen. Die Zwiebelwürfel darin goldgelb braten. • Das Mehl dazugeben und unter Rühren anschwitzen lassen. • Die Rindfleischbrühe zugießen. Unter Rühren etwa 5 Minuten durchkochen. • Das Currypulver und Salz dazugeben. • Die Sahne einrühren, dann aber nicht mehr kochen lassen. • Vor dem Servieren abschmecken.

Schmeckt gut zu: gekochten oder pochierten Eiern, die man in der Sauce erhitzt. Zu gekochtem Fisch, aber auch zu Krabben und Scampi, die in der Sauce erhitzt, aber nicht gekocht werden. Sonst wird das Krabbenfleisch zäh.

Krabbensauce mit Dill

1 Dose Krabben (270 g) · Saft von 1 Zitrone · 1½ Eßl. Butter oder Margarine · 2 gestrichene Eßl. Mehl · ⅜ l heiße Fleischbrühe aus Würfeln · 1 Teel. Tomatenmark · ⅛ l Sahne · Salz · weißer Pfeffer · edelsüßes Paprikapulver · 1 Bund Dill

● Zubereitungszeit: 15 Minuten

So wird's gemacht: Die Krabben abtropfen lassen. Die Brühe aufheben. • Die Krabben in einer Schüssel mit dem Zitronensaft übergießen. Ruhen lassen. • Die Butter oder Margarine in einem Topf erhitzen. Das Mehl unter Rühren zugeben und anschwitzen. Mit der heißen Fleischbrühe ablöschen. Aufkochen. Das Tomatenmark hineinrühren. • Die abgetropften Krabben und die Sahne unterrühren. Erhitzen, aber nicht mehr kochen lassen, sonst gerinnt die Sahne und die Krabben werden zäh. • Vom Herd nehmen. Die Sauce mit Salz, Pfeffer, Paprikapulver und etwas Krabbenbrühe kräftig abschmecken. • Den Dill waschen und feinhacken. In die Sauce mischen. • In einer Sauciere anrichten und mit einigen Dillspitzen garniert servieren.

Schmeckt gut zu: körnig gekochtem Reis und Kopfsalat, zu hartgekochten Eiern, auch zu einem feinen Fischauflauf.

Die herzhaft gewürzte Sauce provençale (oben) paßt gut zu gebratenem Fleisch und Fisch. Rezept Seite 20. ▷
Mit der Pilzsauce extra (Mitte) kann man Steakgerichten eine besondere Note verleihen. Rezept Seite 30.
Die pikant gewürzte Englische Apfelsauce (unten) läßt sich ausgezeichnet mit gebratenem Schweinefleisch kombinieren. Rezept Seite 39.

Sahne-Käsesauce

2 gestrichene Eßl. Butter oder Margarine · 1 gehäufter Eßl. Mehl · ¼ l heiße Rindfleischbrühe, selbstgekocht oder aus Würfeln · 3 Eßl. Tomatenmark · 100 g geriebener Emmentaler Käse · Salz · 1 Prise rosenscharfes Paprikapulver · 1 Teel. edelsüßes Paprikapulver · 1 Prise Cayennepfeffer · weißer Pfeffer · 1 Eigelb · 3 Eßl. geschlagene Sahne · ½ Bund Petersilie · 1 Eßl. Kresseblätter

● Zubereitungszeit: 20 Minuten

So wird's gemacht: Die Butter oder Margarine in einem Topf erhitzen. Das Mehl unter Rühren darin anschwitzen. • Die heiße Fleischbrühe zugießen und 5 Minuten unter Rühren kochen. • Das Tomatenmark dazugeben. Den Käse einrühren, bis er sich aufgelöst hat. • Die Sauce mit den Gewürzen abschmecken, mit dem Eigelb legieren und die geschlagene Sahne unterheben. • Die gewaschene und gehackte Petersilie unterrühren. Kresseblättchen zum Garnieren verwenden.

Schmeckt gut zu: gegrillten Koteletts, Filetsteaks, Grillspießchen, aber auch zu gekochtem Hähnchen.

◁ Die Sauce Tartare ist als Rohkost-Dip, als Salat-Marinade und als Beigabe zu kaltem Braten verwendbar. Rezept Seite 25.

Altdeutsche Madeirasauce

1 Zwiebel · 1 gehäufter Eßl. Butter oder Margarine · 2 gehäufte Eßl. Mehl · ¼ l heiße Fleischbrühe · ⅛ l Madeirawein · 1 Prise Zucker · 1 Prise Cayennepfeffer · 2 Teel. Fleischextrakt · 3 Eßl. Madeirawein · 1 gehäufter Teel. Butter

● Zubereitungszeit: 25 Minuten

So wird's gemacht: Die Zwiebel schälen und feinwürfeln. • Die Butter oder Margarine in einem Topf erhitzen. Die Zwiebelwürfel und das Mehl dazugeben. Unter Rühren goldbraun rösten. • Weiterrühren und die heiße Fleischbrühe und den Madeirawein zugießen. Aufkochen lassen und die Hitze reduzieren. • Die Sauce durch ein Sieb streichen, in einen Topf geben und wieder erhitzen. • Mit dem Zucker, dem Cayennepfeffer, dem Fleischextrakt und dem Madeirawein würzen. Die Butter darin zergehen lassen.

Schmeckt gut zu: gekochter Rinderzunge, gekochtem Rindfleisch, gebratenen Rindersteaks, auch zu gegrillten Schweinekoteletts. Und zu Schmorbraten, dessen Bratfond man mit wenig Wasser loskocht, durchsiebt und zum Schluß in die Madeirasauce mischt.

Varianten: An sich würze ich diese Sauce nur mit Cayennepfeffer. Sie können sie aber, wenn nötig, salzen. Bitte erst, wenn Sie den Fleischextrakt schon zugegeben haben. Noch eins: Statt Madeirawein mal Sherry verwenden. Aber trockenen. Probieren Sie auch mal aus, ob Ihnen 1 Prise Zimt in der Sauce gut schmeckt. Das ergibt einen sehr würzigen originellen Geschmack. Stattdessen kann man auch 1 Prise Ingwerpulver verwenden. Und gegen 1 Eßlöffel gehackte Petersilie ist nie etwas einzuwenden.

Pilzsauce extra

Bild Seite 27 (Mitte)

25 g durchwachsener gewürfelter Speck · 1 Eßl. Margarine oder Öl · 2 Zwiebeln · 150 g Steinpilze aus der Dose · 2 gehäufte Eßl. Mehl · ⅛ l heiße Kalbfleischbrühe · 2 Eßl. Rotwein · Salz · schwarzer Pfeffer · 2 Eßl. Sahne

- Zubereitungszeit: 25 Minuten

So wird's gemacht: Den Speck im Topf in der erhitzten Margarine oder im erhitzten Öl glasig braten. Die geschälten, gehackten Zwiebeln dazugeben und braun werden lassen. • Die abgetropften Steinpilze kleinhacken. Die Hälfte beiseite stellen. • Den Rest der Pilze im Speckfett durchbraten. Mit dem Mehl bestäuben und unter Rühren kräftig rösten. • Die heiße Kalbfleischbrühe unter Rühren zugießen. Im offenen Topf 10 Minuten kochen lassen. • Diesen Fond durch ein Sieb passieren und im Topf wieder aufkochen. Die restlichen gehackten Steinpilze darin ziehen lassen. • Den Rotwein zugießen. Die Sauce mit Salz und Pfeffer abschmecken. • Den Topf vom Herd nehmen und die Sahne zugeben.

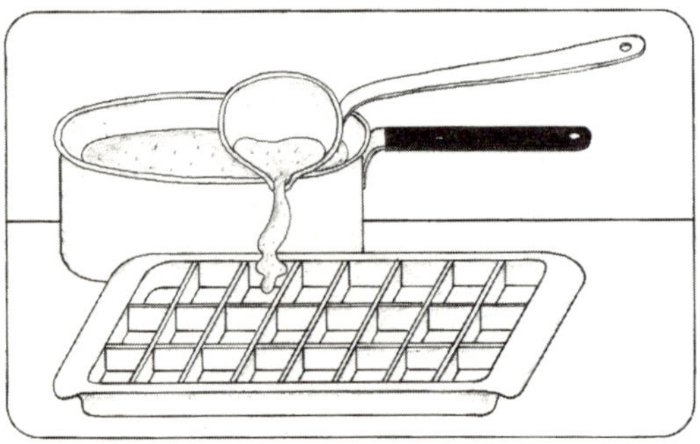

Sehr praktisch für die Saucenküche ist das Einfrieren von Brühen in Eiswürfelform.

Schmeckt gut zu: Rinder-, Kalbs- oder Schweinesteaks. Auch zu Schweinekoteletts und als Sauce für Kalbs- oder Wildragout.

Würzige Wildsauce

Für den Fond: 250 g Kalbs-, Rinder- oder Wildknochen · 1 Eßl. Margarine oder Öl · 25 g gewürfelter Speck · 1 Speckschwarte · 1 Zwiebel · 1 Möhre · 1 Stück Sellerieknolle · 4 Eßl. Tomatenmark · 1 Eßl. edelsüßes Paprikapulver · 2 gehäufte Eßl. Mehl · 1 Lorbeerblatt · 4 Eßl. Rotwein · ½ l heiße Fleischbrühe
Für die Sauce: 3 Eßl. Wildmarinade (vom Wildbraten) · Salz · schwarzer Pfeffer · 1 Prise Nelkenpfeffer · 2 Eßl. saure Sahne · 1 Stich Butter

- Vorbereitungszeit: 10 Minuten
- Kochzeit: 2 Stunden

So wird's gemacht: Die Knochen waschen und abtropfen lassen. • Die Margarine oder das Öl in einem Topf erhitzen. Die Speckwürfel darin glasig braten. • Die Knochen und die Speckschwarte dazugeben. 5 Minuten unter Rühren kräftig rösten. • Die geschälte, gewürfelte Zwiebel hinzufügen und weitere 5 Minuten rösten. • Die Möhre und das Stück Sellerieknolle putzen, waschen, würfeln und in den Topf geben. 5 Minuten durchrösten. Dann das Tomatenmark und das Paprikapulver hineinrühren, durchbraten und das Mehl und das Lorbeerblatt darin anrösten. • Mit dem Rotwein und der heißen Brühe ablöschen. • Die Mischung bei schwacher Hitze zugedeckt 1¾ Stunden köcheln lassen. Gelegentlich abschäumen und das Fett abheben. • Den Fond durch ein feines Sieb passieren. Wenn nötig, auf knapp ¼ l einkochen lassen. • Den Fond mit der Wildmarinade abrunden. Mit Salz, schwarzem Pfeffer und dem Nelkenpfeffer würzen. • Die saure Sahne und die Butter unterziehen. Abschmecken und eventuell nachwürzen.

Schmeckt gut zu: Wildbraten jeder Art.

Feine Sauce für feinen Fisch

Die frischen Steinpilze für diese Sauce gibt's leider nicht das ganze Jahr über. Und wenn es sie frisch gibt, dann sind sie auch nicht überall zu haben. Nehmen Sie für diesen Fall ruhig Steinpilze aus der Dose. Und wenn sie Ihnen zu kostspielig – sprich teuer – sind, dann können Sie auch große Champignons verwenden.

50 g durchwachsener Speck · 1 gestrichener Eßl. Butter · 1 Zwiebel · 1 Möhre · 6 frische Steinpilze · 3 Pfefferkörner · 1 Stück Lorbeerblatt · 3 Stengel Petersilie · 1 gestrichener Eßl. Mehl · ½ l heiße Fleisch- oder Fischbrühe · Saft von 1 Zitrone · 1 Glas trockener Weißwein · 1 Eßl. Sardellenbutter (fertig gekauft)

● Zubereitungszeit: 40 Minuten

So wird's gemacht: Den durchwachsenen Speck feinwürfeln und in einem Topf kräftig ausbraten. Die Butter darin aufschäumen lassen. • Die Zwiebel schälen, würfeln und im Topf goldgelb braten. • Die geputzte gewaschene Möhre und die geputzten Steinpilze ebenfalls feinwürfeln. Mit den Pfefferkörnern, dem Lorbeerblatt und der gewaschenen Petersilie in den Topf geben. Darauf das Mehl stäuben und unter Rühren durchschmoren lassen. • Die heiße Fleisch- oder Fischbrühe zugießen. Durchrühren. • Bei schwacher Hitze 15–20 Minuten kochen lassen. Dann durch ein Sieb passieren. Falls es noch mehr als ¼ l Flüssigkeit ist, die Sauce auf knapp ¼ l einkochen. • Die Sauce vom Herd nehmen, mit dem Zitronensaft, dem Weißwein und der Sardellenbutter mischen. Abschmecken und servieren.

Schmeckt gut zu: gekochtem Lachs oder Heilbutt, auch zu gekochter Seezunge, Karpfen blau, gekochtem Schellfisch, überbackenem Hecht und naturell gebratenem Fisch.

Grüne Sauce

Dies ist die richtige Sauce für den Spätfrühling, wenn alle Kräuter am Markt sind. Dann gibt es auch frischen Sellerie mit jungen Blättchen. Mischen Sie die mal gehackt in die grüne Sauce. Sie werden vom Geschmack begeistert sein.

100 g gemischte Kräuter: Dill, Schnittlauch, Estragon, Pimpinelle, Zitronenmelisse, Borretsch und Petersilie · 2 hartgekochte Eier · 1 Beutel Salatmayonnaise · 1 Eßl. Zitronensaft · 4 Eßl. Dosenmilch · Salz · weißer Pfeffer · 1 Prise Zucker

● Zubereitungszeit: 20 Minuten

So wird's gemacht: Alle Kräuter waschen und abtropfen lassen. Dann sehr fein hacken. • Die hartgekochten Eier schälen. Die Eiweiße vorsichtig abtrennen und sehr fein würfeln. Beiseite stellen. • Die Eigelbe durch ein feines Sieb in eine Schüssel streichen. Mit einer Gabel pürieren und mit der Mayonnaise mischen. • Den Zitronensaft und die Dosenmilch unterheben. Cremig rühren. Mit Salz, weißem Pfeffer und dem Zukker würzen. • Die gehackten Eiweiße und die gehackten Kräuter hineinmischen. Verrühren und abschmecken. • Wenn Sie die Sauce lieber dünner haben wollen, dann rühren Sie einfach noch etwas Dosenmilch hinein.

Schmeckt gut zu: jungen Pellkartoffeln. Wer will, kann dazu Kopfsalat reichen. Die grüne Sauce schmeckt aber auch gut zu gekochtem kalt aufgeschnittenem Rindfleisch, zu kaltem Braten, zu gekochtem Spargel und zu hartgekochten Eiern.

Früchte-Senfsauce

Bild Seite 37 (unten)

1 Apfel · 1 Orange · 1 gehäufter Teel. Butter · 4 Eßl. Preiselbeerkompott · 1 Prise Salz · abgeriebene Schale von 1 unbehandelten Zitrone · 2 Teel. geriebener Meerrettich · schwarzer Pfeffer · 2 Teel. scharfer Senf oder englisches Senfpulver · 1 Teel. Zucker

- Zubereitungszeit: 20 Minuten

So wird's gemacht: Den Apfel schälen, vierteln und entkernen. Die Orange so schälen, daß keine weiße Haut mehr an der Frucht ist. Beide Früchte kleinwürfeln. • Die Butter in einem Topf erhitzen. Die Fruchtwürfel hineingeben und 10 Minuten unter gelegentlichem Rühren darin schmoren. • Das Preiselbeerkompott, das Salz und die Zitronenschale in den Topf geben. Weitere 5 Minuten gut durchkochen. • Den Topf vom Herd nehmen. Die Mischung mit dem geriebenen Meerrettich, schwarzem Pfeffer, dem scharfen Senf oder dem Senfpulver und dem Zucker würzen und gut abschmecken. Heiß oder kalt servieren.

Schmeckt gut zu: knusprigem Schweinebraten, zu gegrilltem Rindfleisch und zu kurzgebratenem Fleisch, wenn man die Sauce heiß serviert. Als kalte Sauce zu kalt aufgeschnittenem Braten und Kasseler, zu gekochter Rinderbrust oder kaltem Rehrücken.

Pikante Hackfleischsauce

2 Zwiebeln · 2 Möhren · 1 Stange Lauch (Porree) · 2 gestrichene Eßl. Butter oder Margarine · 1 Eßl. Öl · 375 g gemischtes Hackfleisch · 3/8 l heiße Fleischbrühe · 1 Teel. getrocknetes Basilikum · 2 Eßl. Tomatenmark · 4 Eßl. Rotwein · 1 Eßl. edelsüßes Paprikapulver · Salz · schwarzer Pfeffer

- Zubereitungszeit: 20 Minuten
- Kochzeit: 30 Minuten

So wird's gemacht: Die Zwiebeln schälen und feinwürfeln. Die Möhren und den Lauch putzen, waschen und sehr klein schneiden. • Die Butter oder Margarine in einem Topf erhitzen. Das Gemüse darin 10 Minuten kräftig durchbraten. • Das Öl in einer Pfanne erhitzen. Das gemischte Hackfleisch darin unter ständigem Rühren braun braten. • Die heiße Fleischbrühe zugießen und unter weiterem Rühren 10 Minuten durchkochen, bis eine gebundene Masse entstanden ist. • Die Fleischmasse zum Gemüse in den Topf geben. Dazu das Basilikum und das Tomatenmark. • Im offenen Topf bei schwacher Hitze so lange kochen lassen, bis die Masse sämig ist. Das dauert etwa 30 Minuten. • Dann den Rotwein hineinrühren und die Sauce mit dem Paprikapulver, Salz und schwarzem Pfeffer abschmecken.

Schmeckt gut zu: jungen Pellkartoffeln oder körnig gekochtem Reis. Und vorzüglich zu Nudeln – jeweils mit Salat aus Kopfsalat, Tomaten und Gurken. Man kann die Sauce auch anstelle von Fleisch zu Salzkartoffeln reichen, vielleicht mit Paprikagemüse.

Würzige Saucen unserer Nachbarn

Italienische Champignonsauce

100 g Champignons · 4 Schalotten · 2 Eßl. Öl · 1 Eßl. Mehl · 2 Eßl. Tomatenmark · 50 g gekochter Schinken · ⅛ l heiße Fleischbrühe · je ½ Teel. getrockneter Thymian und Oregano · Salz · weißer Pfeffer · ⅛ l Weißwein · 40 g kalte Butter

● Zubereitungszeit: 55 Minuten

So wird's gemacht: Die Champignons putzen, waschen, abtropfen lassen und in Scheiben schneiden. Die Schalotten schälen und feinwürfeln. • Das Öl in einem Topf erhitzen. Die Schalotten darin goldgelb braten. Mit dem Mehl bestäuben und anschwitzen lassen. Die Champignons darin goldgelb werden lassen. Das Tomatenmark dazugeben. 20 Minuten bei schwacher Hitze schmoren. • Den gekochten Schinken würfeln und in den Topf geben. Weitere 5 Minuten dünsten. • Die heiße Fleischbrühe unter Rühren zugießen. 10 Minuten durchkochen. Mit dem Thymian, dem Oregano, Salz und Pfeffer würzen. Den Weißwein zugießen. Erhitzen und abschmecken. • Die kalte Butter in Stückchen mit dem Schneebesen unter die Sauce schlagen.

Schmeckt gut zu: Kotelett naturel, gebratenem Fisch, zu Reis- oder Nudelgerichten.

Mein Tip Man kann die Champignonsauce auch mit 3 frischen Tomaten statt mit Tomatenpüree zubereiten. Die Tomaten dafür waschen und kurz in kochendes Wasser legen. Die Haut abziehen und die Stielansätze ausstechen.

Bagna Cauda

Knoblauch-Sardellen-Sauce

3 Knoblauchzehen · Salz · 1 weiße Trüffel (frisch oder aus der Dose) · 4 Sardellenfilets in Öl (aus der Dose) · ⅛ l Öl · 50 g Butter · ⅛ l saure Sahne

● Zubereitungszeit: 25 Minuten

So wird's gemacht: Die Knoblauchzehen schälen und mit Salz zerdrücken. Die weiße Trüffel in äußerst dünne Scheiben schneiden. Sie sollen fast durchsichtig sein. Die Sardellenfilets im Mörser zerdrücken. • Das Öl und die Butter in einem Topf erhitzen. Die zerdrückten Knoblauchzehen darin goldgelb werden lassen. Die Trüffelscheiben zugeben und durchbraten. Nach 5 Minuten die zerdrückten Sardellenfilets hineingeben. Erhitzen. Den Topf vom Herd nehmen.

Knoblauchzehen kann man mit der Presse oder auch mit dem Messer zerdrücken.

• Die saure Sahne in einer Schüssel verquirlen. Nach und nach die Knoblauch-Sardellen-Sauce hineinrühren. Wieder in den Topf geben, erhitzen und abschmecken. Sehr heiß servieren.

Schmeckt gut zu: rohen Bleichselleriestückchen als Dip oder zu gekochten Artischocken. Ist aber auch fein zu Spaghetti.

Italienischer Sugo

2 Zwiebeln · 2 Knoblauchzehen · 4 Eßl. Öl · 250 g gemischtes Hackfleisch · 1 Teel. edelsüßes Paprikapulver · ½ Dose geschälte Tomaten · Salz · schwarzer Pfeffer · 1 Prise Zucker · 1 gehäufter Teel. getrockneter Thymian

- Zubereitungszeit: 50 Minuten

So wird's gemacht: Die Zwiebeln und die Knoblauchzehen schälen und hacken. • Das Öl in einem Topf erhitzen. Das Hackfleisch zerpflücken und zugeben. Mit der Gabel in Stückchen teilen und grau anbraten. Die gehackte Zwiebel und die gehackten Knoblauchzehen zugeben. Durchbraten. Das Paprikapulver unterrühren. • Die Tomaten mit dem Saft in den Topf geben. Durchrühren. Mit Salz, Pfeffer und Zucker würzen. Den Thymian zerreiben und dazugeben. Bei schwacher Hitze 30 Minuten köcheln lassen. • Abschmecken.

Schmeckt gut zu: Nudeln und gekochtem Reis

Italienische Paprikasauce

1 Zwiebel · 1 Knoblauchzehe · 100 g geräucherter fetter Speck · 2 grüne Paprikaschoten · 200 g Tomaten · Salz · schwarzer Pfeffer · 60 g geriebener Parmesankäse

- Zubereitungszeit: 1 Stunde

So wird's gemacht: Die Zwiebel und die Knoblauchzehe schälen und feinhacken. Den fetten Speck sehr fein würfeln. Die Paprikaschoten vierteln, putzen, waschen und in feine Würfel schneiden. • Den Speck in einem Topf ausbraten. Die Zwiebel und den Knoblauch darin goldgelb braten. Die Paprikawürfel dazugeben und bei schwacher Hitze 10 Minuten dünsten. • Die Tomaten einritzen, mit kochendheißem Wasser begießen und kalt abschrecken. Die Tomaten häuten, vierteln, entkernen, von den Stielansätzen befreien und in den Topf geben. 30 Minuten bei mittlerer Hitze schmoren. Gelegentlich umrühren. • Mit Salz und schwarzem Pfeffer würzen. Den geriebenen Parmesankäse unterrühren und so lange köcheln lassen, bis sich der Käse aufgelöst hat. • Abschmecken und heiß servieren.

Schmeckt gut zu: gekochten Nudeln jeder Art

Spanische Sauce

1 mittelgroße Zwiebel · 1 Knoblauchzehe · 500 g Fleischtomaten · 4 Eßl. Olivenöl · ⅛ l Klare Fleischsuppe (Würfel) · ¼ Teel. getrockneter Majoran · ¼ Teel. getrockneter Thymian · Salz · weißer Pfeffer · Zucker · 1 Lorbeerblatt · 2 Eßl. gehackte Petersilie und gehackter Schnittlauch · 15 paprikagefüllte spanische Oliven

- Zubereitungszeit: 65 Minuten

So wird's gemacht: Die Zwiebel und die Knoblauchzehe schälen und feinhacken. Die Tomaten einritzen, mit kochendheißem Wasser überbrühen, kalt abschrecken, kleinschneiden und dabei die Kerne und Stielansätze entfernen. • Das Olivenöl in einem Topf erhitzen. Die gehackte Zwiebel und den gehackten Knoblauch darin goldgelb braten. Die Tomatenwürfel unter Rühren darin dünsten. • Die Klare Fleischsuppe zugießen. Aufkochen und bei schwacher Hitze 15 Minuten kochen lassen. • Den zerriebenen Majoran und Thymian unterrühren. Salz, Zucker und Lorbeerblatt hinzufügen. Weitere 30 Minuten köcheln lassen. • 5 Minuten vor Ende der

Garzeit das Lorbeerblatt entfernen, die Kräuter und die halbierten Oliven dazugeben und kurz durchziehen lassen.

Schmeckt gut zu: hartgekochten, halbierten Eiern, die man in der Sauce serviert. Vorzüglich aber auch als Beilage zu Kaninchenbraten (Bratfond mitverwerten) und zu Wildschweinsteaks.

Katalanische Sauce

500 g Tomaten · 4 Eßl. Olivenöl · Salz · 6 Knoblauchzehen · weißer Pfeffer · 1 Prise Zucker · 1 Teel. getrockneter Oregano · 2 kleine Orangen

- Zubereitungszeit: 50 Minuten

So wird's gemacht: Die Tomaten einritzen, mit kochendheißem Wasser überbrühen, kalt abschrecken und häuten. Dann vierteln und die Kerne und Stielansätze entfernen. • Das Olivenöl im Topf erhitzen. Die geschälten, mit Salz zerdrückten Knoblauchzehen darin goldgelb braten. Die Tomatenviertel hineingeben und unter Rühren kräftig durchdünsten. 15 Minuten bei schwacher Hitze köcheln lassen. • Mit Salz, Pfeffer, Zucker und dem zerriebenen Oregano würzen. • Die Orangen wie einen Apfel schälen, so daß auch die weiße Haut entfernt wird. Dann in kleine Würfel schneiden und in die Sauce geben.

Mein Tip Wenn Sie Knoblauchzehen wegen des Geruchs nicht verwenden wollen, können Sie mit Knoblauchsalz würzen. Sie können die Knoblauchzehen auch durch 1 große Zwiebel ersetzen, die Sie schälen und kleingehackt goldgelb braten.

Nochmals 15 Minuten bei schwacher Hitze kochen lassen. • Die Sauce abschmecken.

Schmeckt gut zu: Nudeln, zu Reisgerichten, zu gebratenem Fleisch. Auch prima zu gebratenem Fisch und zum Fondue bourguignonne.

Istanbul-Sauce

Bild Seite 18

20 süße Mandeln · 50 g Sultaninen · 3 Eier · schwarzer Pfeffer · 1 Prise Cayennepfeffer · 8 Eßl. kalt gepreßtes Olivenöl · 40 g Zitronat · 3 Eßl. Senffrüchte (fertig gekauft) · 1½ Eßl. dickflüssiger Honig · Saft von 1 Orange · 3 Eßl. Rotweinessig · 3 Eßl. Tomatenmark

- Zubereitungszeit: 20 Minuten – ohne Ruhezeit

So wird's gemacht: Die Mandeln in ein Schüsselchen geben, mit kochendheißem Wasser überbrühen und 5 Minuten ruhen lassen. Dann die Haut abziehen und die Mandeln auf einem Tuch trocknen lassen. • Die Sultaninen in ein Schüsselchen geben. Mit kochendheißem Wasser begießen und 5 Minuten quellen lassen. In einem Sieb sorgfältig abtropfen lassen. Feinhacken. • 2 Eier in 10 Minuten hartkochen, schälen und ganz fein hacken. Die gehackten Eier mit dem rohen Ei verrühren. Mit den beiden Pfeffersorten würzen. Das Öl unterrühren. • Die Mandeln feinmahlen oder im Mörser zerstoßen. Das Zitronat und die Senffrüchte sehr fein hacken. • Die vorbereiteten Zutaten, den Honig, den Orangensaft, den Essig und das Tomatenmark in die Eimasse rühren. • Die Sauce 20 Minuten zugedeckt ruhen lassen.

Schmeckt gut zu: Grillspießen aus Fleisch oder Fisch, Fondue bourguignonne, Spießbraten.

Wiener Apfelkren

2 Äpfel · 2 Eßl. Weinessig · 1 Eßl. Zucker · 2 Eßl. frisch geriebener Meerrettich (Kren) · Salz

- Zubereitungszeit: 15 Minuten

So wird's gemacht: Die Äpfel schälen, halbieren und entkernen. Die Äpfel feinreiben. Sofort mit dem Weinessig mischen und den Zucker unterrühren. Zum Schluß den geriebenen Meerrettich unterheben. • Mit Salz abschmecken.

Schmeckt gut zu: gekochtem Rindfleisch

Sauce aus der Gascogne

1 große rote Paprikaschote · 3 Knoblauchzehen · 2 Scheiben Weißbrot ohne Rinde · 6 Eßl. warmes Wasser · 8 Eßl. kalt gepreßtes Olivenöl · ¼ Teel. getrockneter Thymian · Salz · schwarzer Pfeffer

- Zubereitungszeit: 25 Minuten

So wird's gemacht: Die Paprikaschote waschen und unterm Grill bräunen, bis die Haut braun ist und sich leicht abziehen läßt. Die Schote halbieren, entkernen und sehr fein hacken. Die Knoblauchzehen schälen und auch sehr fein hacken. Das Weißbrot im warmen Wasser einweichen. • Mit der gehackten Paprikaschote und dem Knoblauch mischen. • Das Öl zuerst teelöffelweise, dann eßlöffelweise unter die Mischung rühren. Den zerriebenen Thymian unterrühren. • Mit Salz und schwarzem Pfeffer kräftig abschmecken.

Schmeckt gut zu: kurzgebratenen Lammstücken, kaltem Wild oder Braten, auch zu Geflügelstükken und zum Fondue bourguignonne.

Englische Orangensauce

2 Eßl. kandierter Ingwer · 1 säuerlicher Apfel · 1 Banane · 4 Eßl. englische Orangenmarmelade · 4 Glas (8 cl) Madeira oder Portwein · 2 Eßl. Zitronensaft · Salz · weißer Pfeffer

- Zubereitungszeit: 20 Minuten

So wird's gemacht: Den Ingwer sehr fein hacken oder im Mörser zerstoßen. Den Apfel schälen, vierteln, entkernen und feinreiben. Die Banane schälen und in einer Schüssel mit der Gabel sorgfältig zerdrücken. • Den Ingwer, den geriebenen Apfel, die Orangenmarmelade, den Madeira oder den Portwein und den Zitronensaft sorgfältig unterrühren. • Mit Salz und weißem Pfeffer abschmecken und so lange rühren, bis eine sämige Sauce entsteht.

Schmeckt gut zu: heißen oder kalten Wildgerichten, zu Pasteten oder Terrinen vom Wild, aber auch zu kalt aufgeschnittenem Braten.

Diese drei raffinierten Saucen schmecken besonders gut zu Fondues. Spanische Cocktailsauce (oben), Rezept Seite 42; Crème aux herbes (Mitte), Rezept Seite 49; Früchte-Senfsauce (unten), Rezept Seite 32. ▷

Englische Apfelsauce

Bild Seite 27 (unten)

500 g säuerliche Äpfel · 1 gestrichener Eßl. Butter · 1 Eßl. brauner Zucker (Farinzucker) · ⅛ l Wasser · 1 Stück Zimtstange · 1 Prise Salz · 2 Teel. englisches Senfpulver oder scharfer Senf

- Zubereitungszeit: 30 Minuten
- Kochzeit: 25 Minuten

So wird's gemacht: Die Äpfel waschen und ungeschält entkernen. Dann in kleine Stücke schneiden. • Die Butter und den Zucker in einem Topf erhitzen. Leicht gelb werden lassen. • Dann die Apfelstücke dazugeben. Das Wasser darübergießen, die Zimtstange zufügen. Mit dem Salz würzen. • Die Äpfel zugedeckt bei schwacher Hitze 25 Minuten köcheln lassen. • Die Äpfel durch ein Sieb in eine Schüssel streichen. Das englische Senfpulver oder den scharfen Senf hineinrühren und abschmecken. Vielleicht auch noch mit etwas Salz, je nach Geschmack.

Schmeckt gut zu: knusprigem Schweinenackenbraten, zu Spanferkel vom Spieß, zu gebackenem Schinken. Am besten keine Kartoffeln – höchstens Pommes frites oder Kartoffelkroketten – dazu essen. Aber auf jeden Fall Brot.

◁ Die Sauce andalouse, auch Andalusische Sauce genannt, gehört zu den traditionellen Mayonnaise-Saucen. Rezept Seite 24.

Dänische Kaviar-Sauce

Frischen Kaviar, wie er aus Rußland und dem Iran in die Bundesrepublik importiert wird, schreibt man fein mit »C«. So steht's auf den typischen Dosen, die mit einem breiten roten Gummiring luftdicht verschlossen sind. Anderen Kaviar, ob aus Lachs- oder Forellenrogen oder deutschen Kaviar aus Rogen verschiedener See- und Süßwasserfische, schreibt man bescheiden mit K. Welchen immer Sie für diese Sauce bevorzugen, eines steht fest: Mit dem echten Caviar aus dem Rogen verschiedener Stör-Arten gibt's den edleren Geschmack.

2 hartgekochte Eigelbe · 2 rohe Eigelbe · Saft von 1 Zitrone · 4 Eßl. Öl · 6 Eßl. Crème fraîche oder saure Sahne · weißer Pfeffer · 2 Eßl. Kaviar · eventuell Salz

- Zubereitungszeit: 20 Minuten – ohne Ruhezeit

So wird' gemacht: Die hartgekochten Eigelbe durch ein Sieb in eine Schüssel passieren. • Die rohen Eigelbe verquirlen. Den Zitronensaft unterrühren. Mit dem hartgekochten Eigelb vermischen, so daß eine cremige Masse entsteht. Nach und nach tropfenweise das Öl unterrühren, dann die Crème fraîche oder die saure Sahne zugeben. Glattrühren. Mit weißem Pfeffer abschmecken. • Den Kaviar unterziehen. 10 Minuten ruhen lassen und wenn nötig noch mit Salz abschmekken.

Schmeckt gut zu: frisch gekochten Pellkartoffeln. Aber auch zu edlem Kochfisch wie Heilbutt oder Steinbutt oder zu kalt aufgeschnittener gekochter Rinderbrust.

Reizvolle Grillsaucen

Aprikosen-Honig-Sauce

200 g getrocknete Aprikosen · 2 Glas Weißwein · 5 Eßl. flüssiger Honig · 1 Eßl. Himbeeressig · abgeriebene Schale von 1 unbehandelten Orange · 2 Eßl. Tomatenchutney · Salz · weißer Pfeffer

- Zubereitungszeit: 10 Minuten – ohne Ruhezeit

So wird's gemacht: Die Aprikosen in eine Schüssel geben. Den Wein daraufgießen. Zugedeckt zwölf Stunden einweichen. • Die Aprikosen mit dem Weißwein, dem Honig, dem Himbeeressig, der Orangenschale und dem Tomatenchutney im Mixer pürieren. • Mit Salz und Pfeffer abschmecken. Kalt oder heiß servieren.

Schmeckt gut zu: gegrilltem Schweinebraten oder zu Grillkoteletts oder -steaks vom Schwein. Wer das Fleisch gerne vor dem Grillen marinieren möchte, streicht es mit der Aprikosen-Honig-Sauce ein und läßt es 6–8 Stunden zugedeckt durchziehen. Dann wird gegrillt.

Ananas-Grillsauce

5 Scheiben Ananas aus der Dose oder frische (je 50 g) · 4 Eßl. kanadischer Ahornsirup · 2 Eßl. scharfer Senf · 2 Eßl. Zitronensaft · 1 Eßl. Zucker · Salz · weißer Pfeffer

- Zubereitungszeit: 15 Minuten

So wird's gemacht: Die Ananas-Scheiben grob zerschneiden und im Mixer pürieren. Den Ahornsirup, den Senf, den Zitronensaft und den Zucker unterrühren. • Mit Salz und Pfeffer kräftig abschmecken.

Schmeckt gut zu: allen Grilladen aus Fleisch und Geräuchertem. Sehr gut: mit der Sauce bestreichen, grillen und die übrige Sauce – kalt oder erhitzt – dazu reichen. Bei Geräuchertem die Sauce bitte wenig salzen.

Mein Tip Achten Sie beim Einkauf von frischer Ananas darauf, daß die Schale gleichmäßig fest ist. Schneiden Sie von der ungeschälten Frucht 5 Scheiben ab, schälen Sie diese und stechen Sie den Strunk aus. Die Scheiben schneiden Sie in kleine Stücke.

China-Sauce

3 Knoblauchzehen · Salz · 4 Eßl. flüssiger Honig · ½ Teel. Ingwerpulver · 2 Teel. Currypulver · 1 Messerspitze Nelkenpfeffer · 6 Eßl. Öl · ¼ l Sojasauce

- Zubereitungszeit: 10 Minuten

So wird's gemacht: Die geschälten Knoblauchzehen halbieren. Mit Salz zerdrücken. In eine Schüssel geben. Mit dem flüssigen Honig, dem Ingwerpulver, dem Currypulver und dem Nelkenpfeffer verrühren. Das Öl sorgfältig unterrühren. Mit der Sojasauce verlängern. Kalt oder erhitzt servieren.

Schmeckt gut zu: gegrillten Schälrippchen, gegrilltem Schinken. Und am allerbesten, wenn man das Grillgut damit bestreicht und 24 Stunden mariniert. Außerdem wird es während des Grillvorganges häufig mit der Sauce bestrichen. Was übrig bleibt, wird extra serviert.

Exotische Früchte-Senfsauce

Diese Abwandlung der Früchte-Senfsauce (Rezept Seite 32) paßt besonders gut zu Gegrilltem.

1 Grapefruit · 1 Scheibe Ananas aus der Dose · 1 Kiwi · 1 gehäufter Teel. Butter · 4 Eßl. Preiselbeerkompott · 1 Prise Salz · abgeriebene Schale von 1 unbehandelten Zitrone · 2 Teel. Meerrettich · schwarzer Pfeffer · 2 Teel. englisches Senfpulver · 1 kräftige Prise Zimt · 6 Tropfen Tabascosauce

- Zubereitungszeit: 20 Minuten

So wird's gemacht: Die Grapefruit schälen und würfeln. Die Ananasscheibe abtropfen lassen und würfeln. Die Kiwi schälen und würfeln. • Die Früchte in der Butter 10 Minuten schmoren. • Das Preiselbeerkompott, das Salz und die Zitronenschale in den Topf geben. Weitere 5 Minuten gut durchkochen. • Den Topf vom Herd nehmen. Die Mischung mit dem geriebenen Meerrettich, schwarzem Pfeffer und dem Senfpulver würzen. Mit etwas Zimt und Tabascosauce abschmecken.

Schmeckt gut zu: gegrillten Steaks und Koteletts.

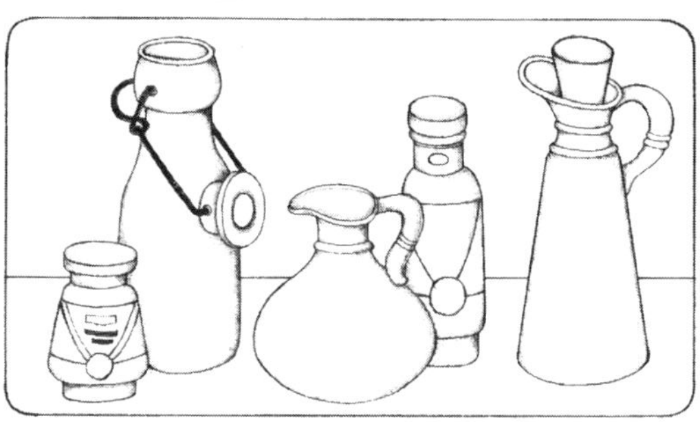

Zum Verfeinern: Würzsaucen aus der Flasche.

Pfirsichsauce

1 Dose Pfirsiche (560 g Einwaage) · 3 Eßl. Weinessig · 2 Eßl. Sojasauce · 3 Eßl. Tomatenketchup · 3–4 Eßl. brauner Zucker (Farinzucker) · 2 Eßl. Ingwerpulver · weißer Pfeffer · Salz

- Zubereitungszeit: 15 Minuten

So wird's gemacht: Von den Pfirsichen etwas Saft abgießen. Die Früchte mit dem restlichen Saft im Mixer pürieren. Den Weinessig, die Sojasauce, das Tomatenketchup, den braunen Zukker und das Ingwerpulver dazugeben und kurz durchschlagen. • Mit Pfeffer und Salz abschmekken. In einem Topf erhitzen.

Mein Tip Man kann die Grillsaucen als Marinade für die Grilladen verwenden, sie damit unmittelbar vor dem Grillen bestreichen und das, was übrig bleibt, extra servieren. Ob Koteletts, Schweinebraten, Schinken, Schälrippchen, Fisch oder Lammfleisch – jedes Grillgut schmeckt durch die entsprechenden Saucen würziger.

Schmeckt gut zu: gegrilltem Fisch oder Lammfleisch, Schweinespießbraten oder gegrilltem Schinken. Die Pfirsichsauce kann auch gut als Marinade verwendet werden. Man streicht das Grillgut damit ein und läßt es zugedeckt im Kühlschrank 24 Stunden durchziehen. Während des Grillens immer wieder mit der Sauce bestreichen. Den Rest erhitzt dazu reichen.

Sauce Vinaigrette

Etwa 50 g Kräuter: Kerbel, Petersilie, Schnittlauch und Estragon · 1 Eßl. kleine Kapern · 3 Eßl. Estragonessig oder Zitronenessig · Salz · weißer Pfeffer · 6 Eßl. Öl

- Zubereitungszeit: 15 Minuten

So wird's gemacht: Die Kräuter verlesen und feinhacken. Die abgetropften Kapern ebenfalls feinhacken. • Den Estragon- oder den Zitronenessig in eine Schüssel geben. Dazu Salz und weißen Pfeffer. Gut miteinander verrühren. Dann erst das Öl zufügen. • Zum Schluß die Kräuter und die gehackten Kapern in die Sauce mischen und sie abschmecken.

Schmeckt gut zu: jedem grünen Salat, außer Feldsalat. Als Sauce zu kaltem Spargel, Blumenkohl und kaltem Fisch. Auch fein als Dip für Artischocken und zur Fondue bourguignonne.

Eier-Vinaigrette

Bild 2. Umschlagseite

Diese Vinaigrette wird in Frankreich gerne zu gekochten Artischocken als Dip gereicht.

1 Bund Schnittlauch · 1 Bund Petersilie · 1 Eßl. Kapern · 2 Eigelbe · 6 Eßl. Öl · 3 Eßl. Zitronenessig · Salz · weißer Pfeffer · 1 Teel. edelsüßes Paprikapulver

- Zubereitungszeit: 15 Minuten

So wird's gemacht: Den Schnittlauch und die Petersilie waschen und feinhacken. Die Kapern abtropfen lassen und feinhacken. Die Eigelbe in einer Schüssel gut verquirlen. Teelöffelweise das Öl, dann den Essig und die Gewürze einrühren. Die gehackten Kräuter dazugeben.

Schmeckt gut zu: Fondues. Als Sauce zu gekochtem kaltem Gemüse (Sellerie, Artischocken, grüne Bohnen, Kohlrabi).

Variante: Unter die fertige Sauce 1 hartgekochtes Ei, 1 kleine Tomate und etwas Dill – alles grobgehackt – mischen.

Spanische Cocktailsauce

Bild Seite 37 (oben)

Spanische Gerichte werden meistens mit Knoblauch zubereitet. Mildere mit Knoblauchsalz. Wenn Sie Knoblauch aber gar nicht mögen, dann nehmen Sie 2 geriebene Zwiebeln. Das ist dann nicht mehr so ganz echt spanisch, aber es ergibt auch eine feine Sauce.

4 Sardellenfilets aus der Dose · 3 Knoblauchzehen · Salz · 1 kleine Chilischote · 2 Eigelbe · 1 Eßl. Wasser · ⅛ l Olivenöl · 1–2 Eßl. Zitronensaft

- Zubereitungszeit: 15 Minuten

So wird's gemacht: Die Sardellenfilets am besten im Mörser mit dem Stößel pürieren. Die Knoblauchzehen schälen und mit Salz zerdrücken. Die geputzte Chilischote sehr fein hacken. • Alles in einer Schüssel mischen. • Die Eigelbe mit dem Wasser verquirlen. In die Schüssel rühren. • Dann tropfenweise das Olivenöl dazugeben. So lange rühren, bis die Sauce wie Mayonnaise bindet. • Den Zitronensaft hineinmischen. Mit etwas Salz abschmecken.

Schmeckt gut zu: gegrilltem Fleisch, gegrilltem Fisch, zu kalt aufgeschnittenem Roastbeef oder zu Lammkoteletts natur. Die Spanische Cocktailsauce paßt aber auch vorzüglich zur Fondue bourguignonne. Und außerdem eignet sie sich für Cocktailmischungen als Vorspeisen. Hier ein paar Beispiele: Scampi mit gefüllten Oliven; gekochter Fisch mit Gewürzgurken; Würfel aus Paprikaschoten, gekochtem Rindfleisch und geschälten, entkernten Tomaten; abgetropfte, zerpflückte Ölsardinen, Oliven- und Cornichonscheiben.

Essig-Öl-Marinade

2 Eßl. Essig oder Zitronensaft · Salz · schwarzer Pfeffer · 1 Prise Zucker · 1 Zwiebel · 3 Eßl. Öl · je 3 Stengel Petersilie, Dill, Schnittlauch oder Kräuter der Saison

- Zubereitungszeit: 5–10 Minuten

So wird's gemacht: Den Essig oder den Zitronensaft mit Salz, schwarzem Pfeffer und dem Zucker in einer Schüssel verrühren. • Die Zwiebel schälen und feinwürfeln. Mit dem Öl in die Schüssel rühren. • Die Kräuter waschen und feinhacken. In die Marinade geben.

Schmeckt gut zu: jedem grünen Salat wie Kopfsalat, Endiviensalat, Feldsalat (nur Schnittlauch zugeben), Eisbergsalat, auch zu Kartoffelsalat und Weißkohlsalat.

Joghurt-Marinade

1 Becher Joghurt · 2 Eßl. Öl · Zwiebelsalz · weißer Pfeffer · 1 Prise Zucker · 1 Eßl. Zitronensaft · ½ Bund fein geschnittener Schnittlauch

- Zubereitungszeit: 5–10 Minuten

So wird's gemacht: Den Joghurt in einer Schüssel mit dem Schneebesen schaumig schlagen. Dabei nach und nach das Öl zugeben. • Mit Zwiebelsalz, weißem Pfeffer, dem Zucker und dem Zitronensaft würzen. Abschmecken. • Zum Schluß die Schnittlauchröllchen unterheben.

Schmeckt gut zu: allen grünen Salaten, besonders zu Gurkensalat (etwas Zucker zugeben).

Thousand Island Dressing

1 hartgekochtes Ei · 1 Zwiebel · 2 Stengel Petersilie · 2 getrocknete kleine Aprikosen · 1 kleine Essiggurke · 1 Tomatenpaprikaschote aus dem Glas · 50 g Salatmayonnaise · 2 Eßl. Sahne · 3 Teel. Öl · 2 Eßl. Tomatenketchup · Salz · weißer Pfeffer · edelsüßes Paprikapulver

- Zubereitungszeit: 15 Minuten

So wird's gemacht: Das hartgekochte Ei und die Zwiebel schälen. • Mit den Petersilienstengeln, den getrockneten Aprikosen, der Essiggurke und der Tomatenpaprikaschote sehr fein würfeln. • Die Mayonnaise mit der Sahne, dem Öl, dem Tomatenketchup, Salz, weißem Pfeffer und Paprikapulver cremig rühren. • Die gewürfelten Zutaten hineingeben. Würzig abschmecken. • Das Thousand-Island-Dressing vor Gebrauch 15 Minuten zugedeckt im Kühlschrank durchziehen lassen.

Mein Tip Mit Olivenöl gemixt, bekommt dieses Dressing eine besonders pikante Note. Verwenden Sie dazu das reinste, kalt gepreßte Olivenöl extra vergine.

Schmeckt gut zu: Salat aus Tomaten, Fisch oder gekochtem Geflügel. Sehr gut auch zu einem gemischten Salatteller.

Kräuter-Marinade

Salz · gewürzter Pfeffer (Fertigprodukt) · 50 g Kräuter: Schnittlauch, Estragon, Kerbel · 4 Eßl. Weinessig · 1 kleine gehackte Zwiebel · 6 Eßl. Öl

- Zubereitungszeit: 10 Minuten

So wird's gemacht: Salz und gewürzten Pfeffer in eine Schüssel geben. Die Kräuter waschen und hacken. • In die Schüssel geben und mit dem Essig vermischen. Die Zwiebel und das Öl unterrühren. • Abschmecken.

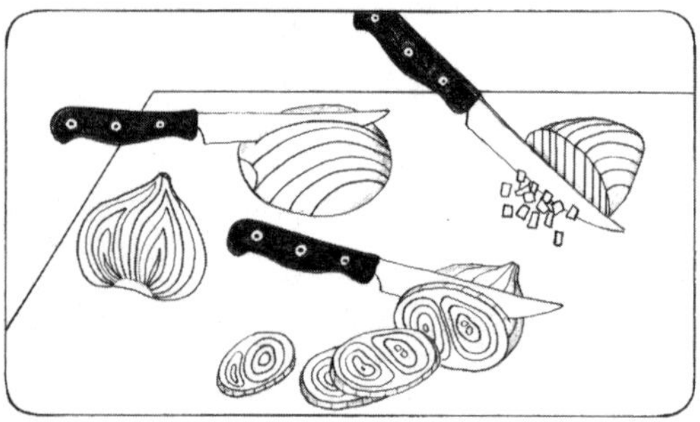

Zwiebeln in Scheiben schneiden und würfeln.

Schmeckt gut zu: Tomaten- und Gurkensalat.

Delikate Cocktailsauce

Bild Umschlag-Vorderseite (unten)

1 Becher Crème fraîche (150 g) · 2 Eßl. Tomatenmark · 2 Eßl. Tomatenketchup · 5 Eßl. trockener Sherry · 1 Teel. scharfer Senf · Salz · weißer Pfeffer · 1 Prise Cayennepfeffer

- Zubereitungszeit: 10 Minuten

So wird's gemacht: Die Crème fraîche in einer Schüssel mit dem Tomatenmark und dem Tomatenketchup glattrühren. Den Sherry und den Senf unterrühren. • Mit Salz, Pfeffer und dem Cayennepfeffer würzig abschmecken.

Schmeckt gut zu: Krustentieren wie gekochtem Hummer, gekochter Languste und Krebsen.

Sahne-Marinade

½ Becher Sahne · 2 Eßl. Öl · 2 Eßl. Zitronenessig · 1 Prise Zucker · Salz · weißer Pfeffer · 1 Teel. edelsüßes Paprikapulver

- Zubereitungszeit: 5–10 Minuten

So wird's gemacht: Die Sahne mit dem Öl, dem Zitronenessig, dem Zucker, Salz, weißem Pfeffer und dem edelsüßen Paprikapulver mit dem Schneebesen verrühren. Abschmecken.

Schmeckt gut zu: Kopf- und Blattsalat, Gurkensalat, Feldsalat und Endiviensalat. Auch zu Chicoréesalat.

Fondue-Bananen-Currysauce

Bild Umschlag-Vorderseite (Mitte)

2 Bananen · 1 Eßl. Zitronensaft · 1 Beutel Salatmayonnaise · Salz · 1 Prise Zucker · 1 Eßl. Currypulver · 4 Eßl. Dosenmilch

● Zubereitungszeit: 20 Minuten

So wird's gemacht: Die Bananen schälen. 1½ Bananen pürieren, den Rest in gleichmäßige Scheiben schneiden, mit dem Zitronensaft beträufeln und zum Garnieren beiseite legen. • Die pürierten Bananen mit der Mayonnaise, dem Salz, dem Zucker, dem Currypulver und der Dosenmilch glattrühren. Abschmecken. • Die Sauce in eine Schüssel füllen und mit den Bananenscheiben garniert servieren.

Schmeckt gut zu: Fondue bourguignonne, Fondue orientale und Fisch-Fondue oder zu kalt aufgeschnittenem Braten oder gekochter Rinderbrust. Auch als Dip. Dazu gibt's Wein und Brot.

Bunte Sauce für Fondues

Bild 3. Umschlagseite (unten)

je 1 Bund Schnittlauch und Radieschen · 2 Eßl. Salatmayonnaise · 1 Becher Joghurt · Salz · gewürzter Pfeffer (Fertigprodukt)

● Zubereitungszeit: 20 Minuten

So wird's gemacht: Den Schnittlauch waschen, die Radieschen putzen und auch waschen. Beides kleinschneiden. • Die Mayonnaise mit dem Joghurt mischen und mit dem Schneebesen schaumig schlagen. • Mit Salz und gewürztem Pfeffer abschmecken. • Den Schnittlauch und die zerkleinerten Radieschen unterheben.

Schmeckt gut zu: Fondue orientale, Fondue bourguignonne, Fisch-Fondue.

Fondue-Tomatensauce

1 geriebene Zwiebel · 2 Eßl. Salatmayonnaise · 1 Prise Zucker · Salz · 1 kleine Flasche Tomatenketchup

● Zubereitungszeit: 10 Minuten

So wird's gemacht: Die geriebene Zwiebel mit der Mayonnaise in einer Schüssel verrühren. • Dem Zucker und Salz zugeben. • Mit dem Tomatenketchup mischen und abschmecken.

Schmeckt gut zu: Fondue bourguignonne, Fondue orientale und kaltem Braten.

Fondue-Dillsauce

Bild Umschlag-Vorderseite (hinten)

1 Beutel Salatmayonnaise · Salz · 1 Prise Zucker · weißer Pfeffer · 2 Eßl. Dosenmilch · 2 Bund Dill

● Zubereitungszeit: 10 Minuten

So wird's gemacht: Die Mayonnaise in einer Schüssel glattrühren. • Mit Salz, dem Zucker und weißem Pfeffer würzen. • Mit der Dosenmilch leicht verdünnen. • Den Dill waschen, hacken und unter die Sauce heben.

Schmeckt gut zu: Fisch-Fondue, Fondue bourguignonne und Krabben-Fondue.

Preiselbeercreme

50 g Magerquark · 2 Eßl. Preiselbeerkonfitüre · 1 Eßl. geriebener Meerrettich · 1 Teel. Zitronensaft · 1 Prise Ingwerpulver · Salz · Zucker · 1 Spritzer Tabascosauce · ⅛ l Sahne

- Zubereitungszeit: 20 Minuten

So wird's gemacht: Den Magerquark glattrühren. Die Preiselbeerkonfitüre und den Meerrettich unterheben. • Mit dem Zitronensaft, dem Ingwerpulver, Salz, Zucker und der Tabascosauce würzen. Die Sahne schlagen und unterheben.

Schmeckt gut zu: Fondue bourguignonne, Geflügel-Fondue, zu kaltem Wild.

Zwiebelcreme

2 kleine Zwiebeln · ½ Apfel · Zitronensaft · 4 Eßl. Magerquark · 4 Eßl. Salatmayonnaise · 1 Teel. geriebener Meerrettich · Salz · 1 Prise Zucker · 4 Eßl. Sahne

- Zubereitungszeit: 20 Minuten

So wird's gemacht: Die Zwiebeln schälen. Sehr fein würfeln oder hacken. Den geschälten Apfel entkernen. Auf der Rohkostreibe feinraspeln. Mit Zitronensaft beträufeln. • Den Magerquark mit der Salatmayonnaise verrühren. Mit dem geriebenen Meerrettich, Salz und dem Zucker würzen. • Die Sahne steif schlagen. • Die Zwiebelwürfel, den geraspelten Apfel und die Sahne unterheben. Die Zwiebelcreme abschmecken.

Schmeckt gut zu: Fondue bourguignonne, Fisch-Fondue. Zu Rohkost (junge Lauchstangen, Bleichsellerie), zu Salzkeksen.

Kalte Tomaten-Würzsauce

Bild 3. Umschlagseite (hinten)

3 Eßl. Salatmayonnaise · 6 Eßl. Tomaten-Chutney · 2 Eßl. Rotwein · 1 Schuß Zitronenessig · 1 Prise Zucker · Salz · schwarzer Pfeffer · 1 Prise Ingwerpulver

- Zubereitungszeit: 10 Minuten
- Kühlzeit: 15 Minuten

So wird's gemacht: Die Mayonnaise in einer Schüssel mit dem Tomaten-Chutney glattrühren. Den Rotwein untermischen. • Mit dem Zitronenessig, dem Zucker, Salz, schwarzem Pfeffer und dem Ingwerpulver abschmecken. • Zugedeckt im Kühlschrankt 15 Minuten ruhen lassen. • Vor dem Servieren nochmals abschmecken.

Schmeckt gut zu: kalten Koteletts, kalten Frikadellen, kaltem Wildbraten und Wildpasteten. Aber auch zu gekochten kalten Eiern, gegrilltem Fleisch und als Dip zur Fleisch-Fondue.

Frisch zubereitete Mayonnaise ist eine Delikatesse, mit der sich Salatmarinaden, Cocktailsaucen und Dips zubereiten lassen. Mit Sorgfalt hergestellt, gelingt sie auch dem Ungeübten leichter als er glaubt. Rezept Seite 24. ▷

Scharfe Sauce

5 Eßl. Salatmayonnaise · 2 Eßl. Curryketchup · 1 Teel. Zitronensaft · je 1 Prise Chilipulver, Cayennepfeffer und Zucker · eventuell Salz

● Zubereitungszeit: 10 Minuten

So wird's gemacht: Die Salatmayonnaise mit dem Curryketchup und dem Zitronensaft glattrühren. • Mit dem Chilipulver, dem Cayennepfeffer und dem Zucker würzen. • Die scharfe Sauce abschmecken. Nach Geschmack salzen.

Schmeckt gut zu: Geflügel-Fondue, kaltem Fisch, Bratenaufschnitt, und ist gut als Cocktailsauce.

◁ Schokoladensauce aus zartbitterer Schokolade ergänzt viele Süßspeisen vortrefflich. Das Eigelb, das zum Schluß untergerührt wird, gibt ihr die feine Konsistenz. Rezept Seite 51.

Crème aux herbes

Bild Seite 37 (Mitte)

4 Eßl. Quark · Salz · weißer Pfeffer · Zwiebelsalz · 4 Eßl. Petersilie, Schnittlauch, Kerbel und Dill, alles gehackt · 4 Eßl. Sahne

● Zubereitungszeit: 20 Minuten

So wird's gemacht: Den Quark mit den Gewürzen und den gehackten Kräutern glattrühren. • Die Sahne steif schlagen. Unter den Quark rühren. • Die Crème aux herbes abschmecken.

Schmeckt gut zu: Fondue bourguignonne, Fisch- und Geflügel-Fondue und Rohkost (Bleichsellerie, Möhrenstifte, Kohlrabistifte).

Reicher Kräuter-Dip

1 Bund Schnittlauch · ½ Bund Petersilie · ½ Bund Kerbel · 3 Dillzweige · 1 große Zwiebel · 1 Knoblauchzehe · Salz · 50 g Salatgurke · 1 Gewürzgurke · 3 Eßl. Zitronenessig · 1 Prise Zucker · schwarzer Pfeffer · 1 Prise Cayennepfeffer · 6 Eßl. Öl

● Zubereitungszeit: 15 Minuten

So wird's gemacht: Die Kräuter waschen, abtropfen lassen und feinhacken. Die Zwiebel schälen und feinwürfeln. Auch die Knoblauchzehe schälen, mit etwas Salz bestreuen und mit der Klinge eines Messers fein zerdrücken. Die gewaschene, geschälte Salatgurke und die Gewürzgurke in feine Würfel schneiden. Alle diese Zutaten in einer Schüssel mischen. • Den Zitronenessig mit dem Zucker, mit Salz, schwarzem Pfeffer und dem Cayennepfeffer so lange verrühren, bis sich das Salz aufgelöst hat. Das Öl hineinmischen. • Die Marinade unter die Kräutermischung heben. Abschmecken. • Den Kräuter-Dip bis zum Gebrauch zugedeckt im Kühlschrank aufbewahren.

Praktisch für die Saucenküche ist eine Kräutermühle, mit der man rasch größere Mengen zerkleinern kann.

Schmeckt gut zu: gegrilltem Fleisch oder Fisch. Ist ideal zur Fleisch-Fondue oder zu kaltem aufgeschnittenem Fleisch wie Roastbeef, gekochter Rinderbrust oder Kalbsbraten.

Würzige rote Sauce

100 g geschälte geriebene Mandeln · 3 eingelegte rote Pimientos · 1 kleine Dose Tomatenmark · Salz · schwarzer Pfeffer · 1 Prise Zucker · 4–5 Eßl. Öl

- Zubereitungszeit: 10 Minuten

So wird's gemacht: Die geriebenen Mandeln in einen Mörser schütten. Dazu die feingehackten Pimientos. Mit dem Stößel zu einer feinen Paste mischen. Die Mischung in eine Schüssel geben. • Das Tomatenmark und Salz zufügen. Schwarzen Pfeffer grob darübermahlen. Den Zucker hineingeben. • Zum Schluß das Öl einrühren und erst jetzt die Sauce abschmecken. Eventuell mit etwas mehr Zucker milder machen.

Schmeckt gut zu: allem, was Sie gerne grillen. Besonders aber zu Geflügel, Lamm- und Rindfleisch. Die würzige rote Sauce können Sie auch sehr gut als Dip zur Fleisch-Fondue reichen.

Mein Tip Pimientos gibt es eingelegt in Gläsern zu kaufen. Sie wissen, das sind die winzig kleinen Pfefferschoten. Wahrhaft pfeffrige Schoten. Wenn Sie damit umgehen, sollten Sie sich nach dem Schneiden schnell die Hände waschen; weil es teuflisch brennen würde, falls Sie sich versehentlich die Augen damit reiben. Das kommt vom Capsaicin, das in allen Paprikafrüchten enthalten ist. In konzentrierter Form in Pimientos.

Vanillesauce

¼ l Milch · 1 Prise Salz · 2 Eßl. Zucker · 1 Vanilleschote oder 1 Päckchen Vanillinzucker · 1 Teel. Speisestärke · 2 Eigelbe

● Zubereitungszeit: 25 Minuten

So wird's gemacht: Die Milch mit dem Salz, dem Zucker und dem Mark der Vanilleschote oder dem Vanillinzucker in einem Topf unter Rühren aufkochen. • Die Speisestärke mit wenig kaltem Wasser anrühren und die kochende Milch damit binden. Nochmal aufkochen. Die Hitze reduzieren. • Die Eigelbe mit etwas gebundener Milch in einer Tasse gut verquirlen. • Die Eigelbmischung unter Rühren in die Milch geben. Bis kurz vor dem Siedepunkt erhitzen, aber nicht mehr kochen. • Die Sauce abkühlen lassen. Dabei gelegentlich mit dem Schneebesen schlagen, damit sich keine Haut auf der Oberfläche bildet.

Schmeckt gut zu: Schokoladen- und Karamelflammeri. Ebenso zu Krokant- und Haselnußflammeri. Man kann sie auch heiß zu vielerlei im Wasserbad gekochten Puddings reichen. Norddeutsche essen sie gern kalt zu roter Grütze.

Variante: ⅛ l Milch und ⅛ l Sahne verwenden. Die Sauce wie oben angegeben kochen. Zum Schluß mit 1 Prise gemahlenem Zimt abschmekken. Zu Schokoladencreme, Kirsch- oder anderem Fruchtflammeri reichen.

Schokoladensauce

Bild Seite 48

100 g zartbittere Schokolade · ¼ l Milch · 1 Prise Salz · 2 Eßl. Zucker · 1 Päckchen Vanillinzucker · 2 Teel. Speisestärke · 1 Eigelb

● Zubereitungszeit: 25 Minuten

So wird's gemacht: Die zartbittere Schokolade zerbröckeln. Mit der Milch und dem Salz in einen Topf geben. Unter Rühren aufkochen. So lange bei schwacher Hitze kochen, bis sich die Schokolade vollständig aufgelöst hat. • Den Zucker und den Vanillinzucker zufügen. • Die Speisestärke mit kaltem Wasser anrühren. Die kochende Flüssigkeit damit binden und nochmal aufkochen. • Das Eigelb mit etwas heißer Schokoladensauce in einer Tasse verquirlen. In die heiße Sauce rühren. Bis kurz vor dem Siedepunkt erhitzen, aber nicht mehr kochen lassen. • Heiß oder – unter gelegentlichem Rühren abgekühlt – servieren.

Schmeckt gut zu: Vanilleflammeri oder -creme, Haselnußflammeri oder Weinschaumcreme, kalt serviert. Zu Vanille-, Pistazien- und Bananeneis, aber auch zu gebratenen Bananen oder erhitzten Ananasscheiben – heiß serviert.

Variante: Unter die fertige heiße oder kalte Sauce ⅛ l steif geschlagene Sahne heben. Schmeckt am besten zu Vanillecreme auf abgetropften Birnen, auf Vanilleschaumcreme – beides kalt serviert. Oder heiß auf Vanilleeis oder Eisbechern.

Schnelle Schokoladensauce

150 g zartbittere Schokolade · 3 Eßl. Sahne

● Zubereitungszeit: 15 Minuten

So wird's gemacht: Die Schokolade in einen Topf bröckeln. Den Topf ins Wasserbad stellen und die Schokolade schmelzen lassen. Die Sahne einrühren.

Schmeckt gut zu: Eis und Eisbechern, auch auf Obst wie Ananasscheiben oder Pfirsichhälften. Sehr fein: Birne Hélène. Dazu Vanilleeis auf Birnen aus der Dose geben, mit der heißen Schokoladensauce übergießen und servieren.

Karamelsauce

2 Teel. Speisestärke · ¼ l Milch · 1 Prise Salz · 50 g Zucker · 2 Eßl. Wasser · 1 Päckchen Vanillinzucker · 1 Eigelb · 1 Teel. Butter

- Zubereitungszeit: 20 Minuten

So wird's gemacht: Die Speisestärke mit etwas kalter Milch anrühren. • Die übrige Milch mit dem Salz und 1 Eßlöffel Zucker in einem Topf aufkochen. • Inzwischen den restlichen Zucker in einer Pfanne kräftig braun werden lassen, also karamelisieren. Mit dem Wasser ablöschen. In die heiße Milch mischen. • Den Vanillinzucker hineinrühren. • Die kochende Milch mit der angerührten Speisestärke binden und aufkochen. • Das Eigelb mit etwas heißer Sauce in einer Tasse verquirlen. Dann mit dem Schneebesen unter die Sauce schlagen. Bis kurz vor dem Siedepunkt erhitzen, aber nicht mehr kochen. Die Butter darin zergehen lassen. Heiß oder kalt servieren.

Schmeckt gut zu: Sahnecreme oder -flammeri, kalt gereicht. Zu Soufflés aber heiß servieren.

Variante: Die Karamelsauce mit je ⅛ l Milch und Sahne zubereiten. Diesmal nicht nur 1 Eigelb, sondern auch 1 Eiweiß verwenden. Das Eiweiß wird steif geschlagen und zum Schluß mit 1 Schnapsglas (2 cl) Rum untergerührt. Die Butter bitte weglassen. Diese Sauce schmeckt gut zu Weinschaumcreme und Mandelschaumcreme, wenn sie kalt gereicht wird. Heiß zu Quark- und Zwiebackauflauf.

Himbeersauce

250 g Himbeeren · 1 Eiweiß · 100 g Zucker · 1 Teel. Zitronensaft · ⅛ l Weißwein

- Zubereitungszeit: 15 Minuten

So wird's gemacht: Die gewaschenen Himbeeren durch ein Sieb passieren. • Das Eiweiß zu steifem Schnee schlagen. Nach und nach den Zukker, den Zitronensaft und die passierten Himbeeren daruntermischen. Mit dem Weißwein verrühren.

Schmeckt gut zu: Vanilleeis, Vanillecreme, Weinschaumcreme.

Aprikosensauce

350 g Aprikosen · ⅛ l Weißwein · 75 g Zucker · 1 Prise Salz · 1 Teel. Zitronensaft · 1 Prise Zimt · 2 Teel. Speisestärke · 1 Glas (2 cl) roter Vermouth

- Zubereitungszeit: 25 Minuten

So wird's gemacht: Die Aprikosen waschen, halbieren und entsteinen. Die Hälfte der Früchte im Mixer pürieren. • Die übrigen Aprikosen sehr fein würfeln und in einem Topf mit dem Weißwein, dem Zucker, dem Salz und dem Zitronensaft 10 Minuten kochen. Mit dem Zimt würzen. • Die Speisestärke mit etwas kaltem Wasser anrühren. Die Aprikosenmischung damit binden. Aufkochen. • Die pürierten Aprikosen dazugeben. Nochmals erhitzen, den Vermouth hineinrühren.

Schmeckt gut zu: Schokoladen- und Mandelcreme, kalt serviert. Zu Eiscreme und Soufflés, heiß serviert.

Kirschsauce

250 g Sauerkirschen · ¼ l Rotwein · 100 g Zukker · 1 Stück unbehandelte Zitronenschale · 1 Prise Salz · 1 Teel. Speisestärke · 1 Glas (2 cl) Kirschwasser

- Zubereitungszeit: 25 Minuten

So wird's gemacht: Die Sauerkirschen waschen, entstielen und entsteinen. Mit dem Rotwein, dem Zucker, dem Stückchen Zitronenschale und dem Salz in einen Topf geben und 15 Minuten kochen lassen. • Die Fruchtmischung durch ein Sieb passieren und wieder aufkochen. • Die Speisestärke mit etwas kaltem Wasser anrühren. Die kochende Fruchtmischung damit binden. Aufkochen und den Topf vom Herd nehmen. • Mit dem Kirschwasser würzen. Heiß oder kalt servieren.

Schmeckt gut zu: Reiscreme oder Grießflammeri – kalt serviert. Zu gebratenen Grießschnitten, Eis oder Eisbecher – heiß serviert.

Rotweinsauce

30 g Rosinen · ¼ l Rotwein · 100 Zucker · je 1 Prise Salz, Zimt und Nelkenpulver · 1 Eßl. Zitronensaft · 3 Teel. Speisestärke

- Zubereitungszeit: 20 Minuten

So wird's gemacht: Die Rosinen mit dem Rotwein, dem Zucker, dem Salz, dem Zimt, dem Nelkenpulver und dem Zitronensaft in einem Topf aufkochen. • Die Speisestärke mit kaltem Wasser mischen. In die Flüssigkeit rühren, aufkochen und vom Herd nehmen. • Die Rotweinsauce heiß oder kalt servieren.

Schmeckt gut zu: süßem Grieß- und Reisauflauf, auch zu im Wasserbad gekochten Puddings. Kalt zu Haselnuß-, Kirsch-, Mandel- oder Vanilleflammeri.

Chaudeau

Weinschaumsauce

3 Eier · 100 g Zucker · 1 Prise Salz · ¼ l Weißwein · 2 Eßl. Zitronensaft · abgeriebene Schale von ½ unbehandelten Zitrone

- Zubereitungszeit: 25 Minuten

So wird's gemacht: Die Eier, den Zucker und das Salz in einem Topf mit dem Schneebesen schaumig rühren. • Nach und nach den Weißwein, den Zitronensaft und die Zitronenschale hineinschlagen. • Den Topf ins Wasserbad stellen, das nicht kochen darf, sonst gelingt die Sauce nicht. • Die Mischung zu einer schaumigen Creme schlagen. Das Chaudeau sofort heiß servieren.

Schmeckt gut zu: süßen Soufflés, Obstaufläufen, Brotpudding, Karthäuser Klößen (Arme Ritter), Reisaufläufen mit Früchten.

Rezept- und Sachregister

Die *kursiv* gesetzten Seitenzahlen verweisen auf Farbbilder.

Altdeutsche Madeirasauce 29
Ananas-Grillsauce 40
Andalusische Sauce 24, *39*
Apfelkren, Wiener 36
Apfelsauce, englische *27,* 39
Aprikosen-Honig-Sauce 40
Aprikosensauce 52
Aufgeschlagene Sauce 11

Bagna Cauda 33
Bananen-Currysauce, Fondue- 45, *U 1*
Bayerische Sauce 14
Béarner Sauce 14
Béchamelsauce 15
-, Schinken- 15
Blattsalat-Marinade 11
Bratensauce, Burgunder 19
Braune Sauce 10
Bunte Sauce für Fondues 45, *U 3*
Burgunder Bratensauce 19
Burgunder Sauce 19
Buttersauce 11

Champignonsauce, italienische 33
Chantillysauce 13, 25
Chaudeau 53
China-Sauce 40
Choron, Sauce 14
Cocktailsauce, delikate 44, *U 1*
-, spanische *37,* 42
Crème aux herbes *37,* 49
Cumberland-Sauce 22
Currysauce 26
-, Fondue-Bananen- 45, *U 1*

Dänische Kaviar-Sauce 39
Delikate Cocktailsauce 44, *U 1*
Dillsauce, Fondue- 45, *U 1*
Dip, reicher Kräuter- 49
Dunkle Grundsauce 10

Echte Mayonnaise 24, *47*
Eier-Vinaigrette 42, *U 2*
Englische Apfelsauce *27,* 39
Englische Orangensauce 36
Essig-Öl-Marinade 43
Esterházy-Sauce 20
Exotische Früchte-Senfsauce 41

Feine Sauce für feinen Fisch 31
Fondue-Bananen-Currysauce 45, *U 1*
Fondue-Dillsauce 45, *U 1*
Fondue-Tomatensauce 45
Früchte-Senfsauce 32, *37*
-, Exotische 41

Gemüsesalat, Marinade für 11
Grillsauce, Ananas- 40
Grüne Sauce 31
Grundsauce, dunkle 10
-, weiße 10

Hackfleischsauce, pikante 32
Helle Sauce 10
Himbeersauce 52
Holländische Sauce 13, *17*
Honig-Sauce, Aprikosen- 40

Istanbul-Sauce *18,* 35
Italienische Champignonsauce 33
Italienische Paprikasauce 34
Italienischer Sugo 34

Joghurt-Marinade 43

Käsesauce, Sahne- 29
Kalte Tomaten-Würzsauce 46, *U 3*
Karamelsauce 52
Katalanische Sauce 35
Kaviar-Sauce, dänische 39
Kirschsauce 53
Krabbensauce mit Dill 26
Kräuter-Dip, reicher 49
Kräuter-Marinade 44
Kräutersauce 12

Madeirasauce, altdeutsche 29
Marinade, Blattsalat- 11
-, Essig-Öl- 43
- für Gemüsesalat 11
-, Joghurt- 43
-, Kräuter- 44
-, Sahne- 44
Mayonnaise, Echte 24, *47*
Mousselinesauce 13

Orangensauce, englische 36

Paprika-Esterházy-Sauce 21
Paprikasauce, italienische 34
Pfirsichsauce 41
Pikante Hackfleischsauce 32
Pilzsauce extra *27,* 30
Preiselbeercreme 46
Provenzalische Sauce 20, *27*

Remouladensauce 25
Rote Sauce, würzige 50
Rotweinsauce 53

Sahne-Käsesauce 29
Sahne-Marinade 44
Sauce andalouse 24, *38*
- au vin blanc 15
- aux tomates 22
- Bastard 12
- bavaroise 14
- Béarnaise 14
- Béchamel 15
- bourguignonne 19
- Chantilly 13, 25
- Choron 14
- Esterházy 20
- grüne 31
- Hollandaise 13, *17*
- hongroise Nr. 1 und 2 21
- Mornay 15
- provençale 20, *27*
- Robert 23
- rémoulade 25
- Tatare 25, *29*
- Vinaigrette 42
-, würzige rote 50
- Zingara 16

GU Küchen-Ratgeber

Alles, was gut schmeckt! Tolle Rezepte von gestern und heute. Die beliebten Küchen-Ratgeber - zum Sammeln wie geschaffen. Jeder Band mit 56-72 Seiten, 10-25 Farbfotos, vielen Zeichnungen, Paperback.

Wählen Sie aus:

- Köstliche Aufläufe
- Backen nach Großmutters Art
- Selber Brot backen
- Köstliche Ei-Gerichte
- Selber einmachen
- Köstliche Eintöpfe aus aller Welt
- Köstliche Fisch-Gerichte
- Reizvolle Fleisch-Rezepte
- Reizvolle Fondue-Rezepte
- Köstliche Geflügel-Gerichte
- So schmeckt's vom Holzkohlengrill
- Reizvolle Rezepte mit Käse
- Reizvolle Kartoffel-Gerichte
- Kochen mit Knoblauch
- Küchenkräuter selbst gezogen
- Köstliche Lamm-Spezialitäten
- Mixgetränke - mit und ohne Alkohol
- Nudel-Variationen
- Pizza, Calzone und Focaccia
- Plätzchen selbst gebacken
- Köstlichkeiten mit Quark und Joghurt
- Raffiniert würzen - leicht gemacht
- Reizvolle Rezepte für 1 Person
- Bunte Salate mit Variationen
- Köstliche Saucen selbst gemacht
- Gutes aus dem Schnellkochtopf
- Toast raffiniert
- Kochen mit Tomaten
- Vollkorn-Rezepte
- Wildgerichte - leicht gemacht
- Köstliches aus dem Wok
- Kochen mit Zwiebeln
- Chinesisch kochen - leicht gemacht
- Echt französisch kochen
- Echt griechisch kochen
- Indonesisch kochen - leicht gemacht
- Echt italienisch kochen
- Echt provenzalisch kochen

GU Gräfe und Unzer

Rezept- und Sachregister

Scharfe Sauce 49
Schaumsauce 13
Schinken-Béchamelsauce 15
Schokoladensauce, schnelle 51
Schokoladensauce *48,* 51
Senfsauce 13
–, Exotische Früchte- 41
–, Früchte- 32, *37*
Spanische Cocktailsauce *37,* 42
Spanische Sauce 34
Sugo, italienischer 34

Tatarensauce 25, *29*
Thousand Island Dressing 43
Tomatensauce 22
–, Fondue- 45
Tomaten-Würz-Sauce, kalte 46, *U3*

Ungarische Sauce Nr. 1 und 2 21

Vanillesauce 51
Vinaigrette, Eier- 42, *U2*

Weinschaumsauce 53
Weiße Grundsauce 10
Weißweinsauce 15
Wiener Apfelkren 36
Wildsauce, würzige 30
Würzige rote Sauce 50
Würzige Wildsauce 30
Würzsauce, kalte Tomaten- 46

Zigeunersauce 16
Zwiebelcreme 46

Diese pikanten und erfrischenden Saucen regen den Appetit an: Bunte Sauce für Fondue (unten) Rezept Seite 45, Fondue-Bananen-Currysauce (hinten links) Rezept Seite 45, Tomaten-Würzsauce (hinten rechts) Rezept Seite 46. ▷